Walter Wittmann **Superkrise**

Inhaltsverzeichnis

Vorwort

Seit 2007 geht es in der globalen Wirtschaft Schlag auf Schlag: Der Immobilienkrise in den USA folgte eine weltweite Finanzkrise, 2008 kam dann der Crash, und seit 2009 geht das Gespenst vom Staatsbankrott um. Wenn wir uns an diese dramatischen Ereignisse erinnern, fällt auf, dass immer wieder voreilig von der politischen Klasse verkündet wurde: Die Krise ist vorbei. Davon kann jedoch nach wie vor keine Rede sein: Im April 2010 trat die europäische Schuldenkrise ein, mit deren Auswirkungen die EU heute noch befasst ist. Griechenland, Irland und Portugal waren plötzlich massiv auf Hilfe angewiesen. Schulden sind leider auch für Spanien, Italien und Belgien ein gewaltiges Problem. In der Eurozone spannte man eilig den «Rettungsschirm», der ab 2013 durch den «Stabilitätsfonds» abgelöst werden soll. Staatsschulden türmen sich in vielen Ländern auch ausserhalb Europas weiter auf, so auch in den USA und in Japan.

Erfahrungsgemäss dauern Krisen länger, als man es uns vorgaukelt. Gewisse Indikatoren, die im vorliegenden Buch näher betrachtet werden, lassen vermuten, dass wir bislang nur die erste Phase der Krise hinter uns gebracht haben. Die zweite Phase – so ist nicht nur zu befürchten, sondern sehr wahrscheinlich – wird noch dramatischer werden. Inzwischen ist eine riesige Wirtschaftsblase entstanden, unter anderem durch ein rekordverdächtig hohes Volumen an Derivaten. Zentralbanken drucken Geld im Akkord, Banken sitzen auf gigantischen Beständen an maroden Staatsanleihen. Derweil brechen die Staatsschulden immer neue Rekorde. Das Jahr 2012 wird insofern ein «verflixtes» Jahr, als sich im August bzw. September 2011, als dieses Buch entstand, eine Rezession abzeichnete. Trifft sie ein, so kommt es zu einer drastischen Verschärfung aller Probleme. Die Wirtschaftsblase könnte platzen, mit verheerenden Folgen für die Finanzmärkte und die wirtschaftliche Entwicklung. Es kann keinen Zweifel geben: Wir leben in turbulenten Zeiten. Es ist dringend notwendig, in seinem ganz persönlichen Bereich vorzusorgen und eine Reihe von Massnahmen zu ergreifen, die entscheidend dazu beitragen können, die schlimmsten denkbaren Auswirkungen abzumildern. Dieses Buch zeigt nicht nur, womit künftig zu rechnen ist, sondern auch, wie wir alle konkret vorsorgen können – und es auch wirklich tun sollten.

Bad Ragaz, Januar 2012

1 Von der Immobilienkrise …

Auslöser der (späteren) weltweiten Finanzkrise war die amerikanische Immobilienkrise im Jahr 2007. Der Hintergrund dazu ist der folgende: Die Erfahrung lehrt, dass Amerikaner – und nicht nur sie – nach einem Crash an den Finanzmärkten hinsichtlich der Geldanlage auf Immobilien ausweichen. Mit dieser Anlage fühlen sie sich offenbar sicher. Aufgrund der starken Nachfrage im Immobiliensektor entstand eine gewaltige Blase, die Anfang 2006 nicht mehr zu übersehen war. Der Case-Shiller-Index des US-Immobilienmarktes erreichte im Frühjahr 2006 seinen Höhepunkt, der Aufwärtstrend brach schliesslich ein.

Zahllose Amerikaner verschuldeten sich nicht nur für den Kauf eines Eigenheims: Zogen die Preise an, so verschuldeten sie sich zusätzlich. Sie nahmen Hypotheken auf die Wertsteigerung auf. Diese Mittel verwendeten sie für mehr Konsum und/oder den Kauf von Aktien. Letztere kauften sie umso mehr, je schwungvoller die Aktienmärkte sich aufwärtsbewegten. Doch damit nicht genug: Hypothekenbanken begannen auch jenen Kredite zu gewähren, die eine solche Belastung auf Dauer nicht verkraften konnten. Sie gewährten Personen ohne Vermögen und laufendes Einkommen Kredite, um Zinsen bezahlen und ordnungsgemäss tilgen zu können. Um solche und andere Kunden zu gewinnen, operierte man mit Lockzinsen, sogenannten Teaser Rates. Für den Anfang offerierte man Zinsen, die unter dem Marktzins lagen. Diese liefen aber nach zwei bis drei Jahren aus. Nun kamen Marktzinsen zum Zuge, die höher lagen. Damit waren zahlreiche Schuldner überfordert. Es kam hinzu, dass Ausleihungen (zu) hoch angesetzt wurden, sogar den vollen Kaufpreis erreichten oder gar übertrafen. Damit wurde sozusagen der Grundstein für die sogenannte Subprime-Krise gelegt, die wenig später für Aufregung sorgen sollte. Diese Krise zeichnete sich bereits 2005 bedrohlich am Horizont ab, ein aufziehender Sturm, der damals allerdings keine Schlagzeilen machte.

Der US-Immobilienboom wurde entscheidend durch die Verbriefung (Securitization) von Hypotheken, auch solchen von schlechter Qualität, angeheizt und verlängert. Hypotheken wurden unter anderem an Investmentbanken verkauft. Dadurch entlastete man die Hypothekenbanken, die sich ihrer Risiken entledigen konnten. Das schuf den Anreiz, sogar forciert mit der Vergabe von Hypotheken schlechter Qualität (Subprime-Hypotheken) weiterzumachen. Die verkauften Hypotheken wurden in kaum transparente Derivate umgewandelt. Solche kamen unter ominösen Namen wie z. B. ABS (Asset Backed Securities) oder CDO (Collateralised Obligations) auf den Markt. Dabei zögerten amerikanische Ratingagenturen nicht, solche Papiere mit der höchsten Auszeichnung (AAA) zu versehen. Damit galten sie als sichere Anlagen mit attraktiven Renditen. Die Banken liessen sich nicht lange bitten: Sie langten bei diesen Papieren kräftig zu, nicht nur in den USA, sondern auch in (West-)Europa und darüber hinaus im Fernen Osten. Zu diesen Banken gehörten in Deutschland unter anderen die IKB, die WestLB und sogar die SachsenLB.

Den Vogel schoss allerdings die (schweizerische) UBS ab, die sich selbst dann noch massiv engagierte, als US-Investmentbanken schon ausgestiegen waren. Der Versuchung erlagen aber auch zahlreiche Versicherungen, auch ausserhalb der USA, die so ein (späteres) «Abschreibungspotenzial» aufbauten.

Im Frühjahr 2007 war die Subprime-Krise in den USA in vollem Gange. Nun kam ans Licht, welches Ausmass erreicht und wer in welchem Umfang involviert war. Die Kreditkrise brach auch deshalb aus, weil der Markt für kurzfristige Anleihen, in der Variante von Asset Backed Securities, zunehmend illiquide wurde. Die Bereitschaft der Banken, sich gegenseitig Kredite zu gewähren, versiegte. Es machte sich tiefes Misstrauen breit. Der Markt für Subprime-Papiere brach zusammen, entsprechend blieb man auf gefährlichen Positionen sitzen. Das veranlasste die Notenbanken, aktiv zu werden. Sie stellten die Liquidität sicher, um die Zahlungsfähigkeit der Banken zu gewährleisten. Hier wurde im Ansatz erkennbar, dass die Notenbanken zu Lockerungen bereit waren, um die Funktionsfähigkeit des Finanzsystems beizubehalten.

Im Laufe des zweiten Quartals 2007 setzte eine Abschreibungswelle vor allem auf wertlose Papiere des Subprime-Sektors ein. Doch schon Ende Mai schlugen die Aktienmärkte den Weg nach unten ein, es kam zu dramatischen Kurseinbrüchen. Mit den Ergebnissen des zweiten Quartals per Ende Juni erschien das Gespenst der Fehlspekulation. Entsprechend brachen die Kurse von Investment- und anderen Banken ein.

Im Sommer 2008 eskalierte die Immobilien- und Hypothekenkrise schliesslich. Mit dem Kollaps der amerikanischen

Indy Mac Corporation, einer mittelgrossen Hypothekenbank, kam es zum umfangreichsten Bankrott seit 1984. Damals war die Continental Illinois National Bank & Trust kollabiert. Um ungleich gewaltigere, gigantische Dimensionen ging es nun bei Fannie Mae und Freddy Mac. Diese Hypothekenbanken vereinigten rund die Hälfte aller US-Hypotheken auf sich. Beide machten seit dem dritten Quartal 2007 happige Verluste, die sich fortsetzten. Entsprechend schmolz die Kapitaldecke dahin, es nahte das Aus. Am 14. Juli 2008 war es dann so weit. An jenem Tag sprangen die Federal Reserve Bank (Fed) und das Finanzministerium ein, um zu retten, was noch zu retten war. Zugleich verschrieb man sich aber dem Optimismus: Die Kreditkrise habe ihren Höhepunkt bereits überschritten, es gehe allmählich wieder aufwärts, hiess es. Diese Prognose kam allerdings verfrüht, wie am 24. Juli in einem Report des «Bank Credit Analyst» nachzulesen war. Es sei davon auszugehen, dass die Kreditkrise weiter eskalieren werde. Mit einem Auslaufen der US-Immobilienkrise sei erst ab 2009 oder gar 2010 zu rechnen. So lauteten die wenig erbaulichen Nachrichten.

Immer wieder – so lässt sich rückblickend feststellen – wurde verkündet, die Krise nähere sich ihrem Ende, es seien bereits Silberstreifen am Horizont zu erkennen. Doch davon konnte nie ernsthaft die Rede sein: Selbst ein guter Monat, den es in diesen Krisenzeiten hin und wieder gab, machte eben noch keinen Trend. Im «Outlook 2011» führte der «Bank Credit Analyst» im Dezember 2010 aus, die US-Hauspreise hätten wieder zu fallen begonnen, was man am Case-Shiller-Index ablesen könne. Der Häusermarkt weise einen massiven Überhang an unverkauften Häusern auf, was diesen Markt auch 2011 stark belasten werde. Im Klartext hiess das: Die Immobilienkrise, deren Beginn damals bereits fünf Jahre zurücklag, hatte ihren Tiefpunkt noch gar nicht erreicht. Das bedeutet bis heute eine grosse Belastung für die wirtschaftliche Entwicklung in den USA.

2   ... zur Finanzkrise ...

Als die Immobilienkrise sich im Frühjahr 2006 abzeichnete, war nicht mehr zu übersehen: Es war eine gefährliche Blase in zentralen Bereichen der Wirtschaft entstanden. Sie beschränkte sich nicht wie früher auf Übernahmen, Fusionen und Initial Public Offerings (IPOs). Inzwischen spielten Carry-Trades (Transaktionen, bei denen Geld in Währungen mit niedrigen Zinsen aufgenommen wird), Hedgefonds und sich explosionsartig vermehrende derivate Produkte eine bedeutende Rolle. Diese und andere Aktivitäten wurden durch gigantische Kredite finanziert, die mit reichlich Liquidität ermöglicht wurden. Man schlug alle Warnungen in den Wind: Dieses Mal sei es ganz anders, hiess es, es gehe schon bald wieder aufwärts.

Anfang 2007 näherte sich die Hausse an den Aktienmärkten, die im März 2003 begonnen hatte, ihrem Höhepunkt. Geht man vom Vierjahreszyklus des (realen) S & P-500-Indexes aus, so war der zyklische Höhepunkt Ende 2006 bzw. Anfang 2007 nicht zu übersehen. Zieht man den globalen 8,6-Jahreszyklus, das «Economic Confidence Model» von Martin Armstrong heran, so war der Höhepunkt im Februar 2007 auszumachen. Dieses Modell funktioniert seit 1986 relativ zuverlässig. Die Wendepunkte innerhalb eines Zyklus beziehen sich hier nicht auf einzelne Börsen oder Länder, sondern auf den Fluss der internationalen Kapitalströme.

Im Februar/März 2007 befanden sich die Finanzmärkte in ihrer letzten Übertreibungsphase. So erreichte das Kreditvolumen für Übernahmen im März den Höhepunkt. Inzwischen hatte sich die grösste Finanzblase aller Zeiten aufgebaut. Aber im Gegensatz zu früher ging es nicht mehr nur um ein Land (z. B. die USA), eine Weltregion (z. B. Asien) oder einen Sektor (z. B. Energie). Die Blase hatte globalen Charakter angenommen. Den Höhepunkt erreichte die Euphorie, als Kohlberg, Kravis, Roberts (KKR), ein dominanter Player im Mergers & Acquisitions-Geschäft, im April verkündete: «Wir leben in goldenen Zeiten.» Die gesamte Finanzindustrie war inzwischen in einem Ausmass mit Krediten vollgepumpt, das kaum noch zu übertreffen war. Ein Notsignal ging im Februar/März von den Aktienmärkten aus. Sie konnten sich aber noch einmal fangen, bis der erneute Anstieg im Mai endgültig endete. Währenddessen folgten Hiobsbotschaften in schnellem Takt aufeinander. Als es zum Ernstfall kam, zögerte die US-Notenbank (Fed) nicht. Die Investmentbank Bear Sterns war aufgrund hoch riskanter Geschäfte in eine bedrohliche Schieflage geraten. Um ihr die Pleite zu ersparen, schoss das Fed im März 29 Milliarden Dollar ein und rettete damit das Unternehmen. Danach übernahm JP Morgan Bear Sterns zu einem symbolischen Preis. Dafür gab es triftige Gründe: Beide Banken waren eng miteinander verflochten. Die Fed-Hilfe wurde auch dadurch erleichtert, dass JP Morgan engste Beziehungen zum Federal Reserve of New York unterhielt.

Vor diesen Ereignissen im Jahr 2007 war die Erfahrung allgemein folgende gewesen: Der Höhepunkt einer Finanzkrise war jeweils dann erreicht, wenn ein grosser Player aus der Finanzindustrie entweder Bankrott machte oder in allerletzter

Minute gerettet wurde. In der Regel sprang die Notenbank ein und betätigte sich als «Lender of Last Resort». So war es zuletzt beim Kollaps des Long-Term Capital Management (LTCM) im Sommer 1998 gewesen. Doch nun, 2007, lief alles (ganz) anders: Das Desaster der Investmentbank Bear Sterns war nicht das Ende, sondern vielmehr der Auftakt der Finanzkrise.

Im Juli 2007 setzte eine Debatte über die Rolle der Notenbanken ein. Involviert waren der International Monetary Fund (IMF), die Bank für internationalen Zahlungsausgleich (BIZ), die Europäische Zentralbank (EZB) und die Weltbank. Wie sollten sich diese Institutionen verhalten, wenn der Kollaps des globalen Finanzsystems droht? Zunächst versicherte man einander, die Finanzindustrie könne und werde die aktuelle Finanzkrise allein durchstehen. Eine Sozialisierung privater (Spekulations-)Verluste sei grundsätzlich abzulehnen. Zwar klang das vor allem in Bezug auf die amerikanische Notenbank nicht allzu überzeugend, war diese doch erst im März eingesprungen, um Bear Sterns zu retten. Glaubwürdiger agierte die EZB, die erklärte, sie werde nicht einspringen. Die Bank of England versicherte angesichts des Desasters der Hypothekenbank Northern Rock, sie werde sich passiv verhalten. Es sollte sich aber bald zeigen, dass das Sprichwort «Der Weg zur Hölle ist mit guten Vorsätzen gepflastert» eine tiefe Wahrheit enthält.

Die Krise an den Finanzmärkten verschärfte sich ab Januar 2008. Es kam zu einem dramatischen Kursverfall. In eine existenzielle Krise gerieten nicht nur Grossbanken, sondern vor allem Investmentbanken aus den USA und Europa. Zu den damals berühmten Namen in den USA gehörten unter anderem die Citigroup, Lehman Brothers und Merrill Lynch. In

Europa schrieb die (schweizerische) UBS unrühmlich Geschichte: Sie hatte sich in grossem Stil in Subprime-Papieren verspekuliert. Weiter sind zu nennen die Barclays Bank, die Royal Bank of Scotland, die Deutsche Bank und die Finanzgesellschaft Fortis. Nicht besser erging es den Versicherungen, so der weltgrössten American International Group (AIG). Auch sie geriet in eine tiefe Krise.

Im Juli 2008 meldete sich der IMF angesichts der Geschehnisse zu Wort und zeigte sich in seinem «Global Financial Stability Report» besorgt. Er schätzte die Finanzmärkte als fragil ein und sah Anzeichen eines hohen systembedingten Risikos. Damals war nicht zu übersehen, dass die wirtschaftliche Dynamik auch ausserhalb der USA, nämlich in Europa, stark nachgelassen hatte. So unter anderem in Frankreich, Grossbritannien, Irland, Italien und Spanien. In Grossbritannien und Spanien war es bereits zu einer schweren Immobilienkrise gekommen. In Irland steckte sie noch in den Anfängen, aber auch hier war mit einer Verschärfung zu rechnen.

Ende August 2008 eskalierte die Finanzkrise weiter, als die US-amerikanischen Hypothekenbanken Fannie Mae und Freddy Mac Staatshilfe in Anspruch nehmen mussten. Weitere dramatische Ereignisse folgten: Ab Mitte September gerieten die grossen Player an der Wall Street unter die Räder: Die Investmentbank Lehman Brothers meldete Konkurs an. Merrill Lynch wurde im letzten Moment von der Bank of America übernommen. Am 17. September sprang das Fed mit 85 Milliarden Dollar ein, um die American International Group (AIG) vor dem Konkurs zu retten.

Die Bank Morgan Stanley suchte den Kontakt zur Grossbank Wachovia, um die Möglichkeit einer Fusion auszuloten.

Der 22. September 2008 gilt als historischer Tag in der Geschichte der US-Investmentbanken: Goldman Sachs und Morgan Stanley verwandelten sich in eine Bank-Holding, sie wurden Universalbanken. Am 26. September vollzog sich schliesslich und endlich der grösste Bankencrash der USA. Die in Not geratene Washington Mutual, eine führende Sparkasse, kam unter staatliche Kontrolle und wurde danach an JP Morgan verkauft. Inzwischen hatten das Fed und die Regierung verkündet, alles zu unternehmen, um das US-Finanzsystem zu retten. Zu den Massnahmen gehörten unter anderem der Aufkauf von hypothekengedeckten Wertschriften bis zu einer Höhe von 700 Milliarden Dollar und ein 100-Milliarden-Paket zur Stabilisierung der Wirtschaft.

Andernorts lief es nicht besser: Japan war 2008 erneut so geschwächt, dass die Regierung ein Impulsprogramm von umgerechnet 120 Milliarden Schweizer Franken beschloss. In Europa blieben Schockmeldungen aus der Finanzwelt nicht aus: In Grossbritannien schluckte Lloyds TSB die Grossbank Halifax Bank of Scotland (HBOS). Im Zuge dessen entstand eine gigantische Hypothekenbank. Die vom deutschen Staat gerettete IKB Deutsche Industriebank, eine Mittelstandsbank, ging für einen symbolischen Betrag an den US-Investor Lone Star.

Auch im Oktober 2008 ging es turbulent zu. Es kam zum grössten Einbruch an den Aktienmärkten seit 1931. Die kräftigen Gewinne der mehrjährigen Hausse wurden innerhalb kürzester Zeit ausgelöscht. Dafür gab es eine ganze Reihe von Ursachen. Am Kreditmarkt existierte eine Superblase. Investoren, die mit einem grossen Kredithebel operierten, mussten nun um jeden Preis verkaufen, um ihren Verpflichtungen nachzukommen. Dazu gehörten vor allem Hedgefonds, Banken, Finanzgesellschaften und sogar private Anleger. Die Lawine wurde nicht zuletzt durch Stop-Loss-Aufträge losgetreten, als die Limiten massenweise erreicht und unterschritten waren. Gleichzeitig wurden im grossen Stil Leerverkäufe, unter anderem bei Finanztiteln und Rohstoffen, getätigt. Diese Konstellation war insofern einmalig, als eine Inter-Banken-Krise die gegenseitige Gewährung von Krediten lahmlegte.

Gleichzeitig, ab Anfang Oktober, kam es zu einer Flut von Rettungsmassnahmen. Die Ereignisse überschlugen sich dabei: Als in Grossbritannien Panik ausbrach, erhöhte die Regierung den Einlegerschutz derart, dass 96 Prozent der Spareinlagen abgesichert waren. In Deutschland benötigte die Hypo Real Estate (HRE) zusätzliche Staatshilfe. Die Bundesregierung versprach, die Bank notfalls zu retten. Zugleich gab sie eine umfassende Garantie für Spareinlagen ab. In den USA erhöhte das Fed die Zufuhr an Liquidität massiv. Derweil bekräftigte die EU, alles zu tun, um das Finanzsystem zu sichern. Aus Island kam unterdessen eine Hiobsbotschaft: Der Staat sah sich gezwungen, den gesamten Bankensektor zu verstaatlichen. Am 8. Oktober senkten verschiedene Notenbanken in einer abgestimmten Aktion die Leitzinsen. Am gleichen Tag erklärte sich die britische Regierung bereit, sich am Kapital von Banken zu beteiligen. Sie wurde Grossaktionärin der Royal Bank of Scotland und der Lloyds TSB.

Weiter löste in atemlosem Tempo ein Ereignis von weitreichenden Folgen das andere ab: Am 12. Oktober verabschiedeten einige EU-Länder ein Rettungspaket zur Rekapitalisierung von Banken und Garantien für das Inter-Banken-Kredit-Geschäft. Deutschland handelte umgehend und stellte in einem ersten Schritt 400 Milliarden Euro für Garantien zur Verfügung. Weitere 70 Milliarden Euro beschloss man für die Refinanzierung von Banken. Die G-7-Länder stellten gleichentags ein Fünf-Punkte-Programm zur Stabilisierung des Finanzsektors auf. Dieses Programm erhielt kurz darauf von den 185 Mitgliedstaaten des IMF Unterstützung. Am 20. Oktober sah sich Schweden veranlasst, ein Sicherheitsnetz für notleidende Banken zu spannen. Gleichzeitig war zu erfahren, dass der IMF Island mit sechs Milliarden Dollar unter die Arme greifen wolle. Im Eilverfahren peitschte Österreich ein Bankenhilfspaket durchs Parlament. Ende Oktober senkte das Fed den Leitzins auf ein Prozent und liess offen, ob es weitere Senkungen geben werde. IMF, EU und Weltbank beschlossen 25 Milliarden Dollar für Ungarn. Am 6. November senkten europäische Zentralbanken den Leitzins erneut. Am selben Tag beschloss der IMF ein Stabilisierungspaket von 16,1 Milliarden Dollar für die Ukraine.

Doch damit nicht genug: Im Laufe des Dezembers verschärfte sich das Tempo noch einmal. Die EZB, die Bank of England und die schwedische Reichsbank senkten erneut die Leitzinssätze. Kurz zuvor hatte eine Nachricht aus den USA wie eine Bombe eingeschlagen: Bernard Madoff, ein Fixstern an der Wallstreet, hatte mit einem Schneeballsystem nach eigenen Aussagen 50 Milliarden Dollar in den Sand gesetzt. Nun häuften sich allerorten Pakete zur Ankurbelung der Konjunktur. Hier stach China mit 500 Milliarden Dollar oder 15 Prozent am BIP besonders heraus. Andere Staaten taten ebenfalls ihr Bestes, um die Wirtschaft in Gang zu bringen: Es folgten dem chinesischen Vorbild die USA, Japan und eine Reihe einzelner EU-Länder.

23

An Silvester 2008 ging zwar ein «schreckliches» Jahr zu Ende, nicht aber die Finanzkrise. Aufsehen erregte eine Prognose des Budget Office, in den USA sei in den kommenden Jahren mit einem jährlichen Defizit von über 1000 Milliarden Dollar zu rechnen! In Deutschland erwog die Bundesregierung, bei der Hypo Real Estate einzusteigen, was sie später wahrmachte. In den USA geriet die Citigroup erneut in die Schlagzeilen, mit einem Verlust von 8,29 Milliarden Dollar im vierten Quartal 2008. Sie kündigte an, sich aufzuteilen, in eine «gute» und eine «schlechte» Bank. In Letztere sollten sogenannte toxische Papier ausgelagert werden. Die Bank of America erhielt erneut eine Kapitalspritze sowie Garantien für toxische Produkte. Den grössten Verlust schrieb die Royal Bank of Scotland, mit 24 Milliarden Dollar im Jahr 2008. Unterdessen stockte die britische Regierung ihre Beteiligung von 58 auf 70 Prozent auf. Zugleich schnürte sie ein weiteres Hilfspaket für die britischen Banken. Auch in den USA war man nicht tatenlos: Am 19. Januar 2009 kündigte die US-Regierung ein Paket von 550 Milliarden Dollar an zusätzlichen Staatsausgaben und 275 Milliarden Dollar an Steuererleichterungen an.

Ab März 2009 ging es an den Aktienmärkten wieder anhaltend aufwärts. Nun lautete der Tenor: Die Finanzkrise liegt hinter uns. Die arg gebeutelten Banken, vor allem in den USA und innerhalb der EU, seien über den Berg. Es werde ihnen bald von Tag zu Tag besser gehen. Die nun einsetzenden Gewinne stammten in einem beachtlichen Ausmass von der Emission und dem Handel mit Staatsanleihen und von privaten Unternehmen (Junk Bonds). Die anziehenden Aktienkurse verbesserten die Lage der Banken insofern, als die «Eigenbestände» sich erholten. So konnten bald darauf allmählich wieder Gewinne erzielt werden. Und nicht zuletzt ist festzuhalten: Die üppige Versorgung der Wirtschaft mit billigen Krediten der Notenbank trug entscheidend zur Stabilisierung von Finanzindustrie und Wirtschaft bei.

Als die Rezession in den USA nach 18 Monaten Mitte 2009 zu Ende ging und die Wirtschaft wieder rasch expandierte, kam zusätzlicher Optimismus auf. Man glaubte an vieles: Den Notenbanken werde es gelingen, in den nächsten Jahren die überschüssige Liquidität abzuschöpfen und so das Inflationspotenzial entscheidend abzubauen. Den Notenbanken werde es zudem möglich sein, die angekauften «toxischen» Papiere und maroden Staatsanleihen zu veräussern. An diesen bestehe ein reges Interesse bei in- und ausländischen institutionellen Anlegern. Weiter werde es jenen Banken und Industrieunternehmen, an denen der Staat beteiligt sei, gelingen, ihre Anteile zurückzukaufen. Sie seien nämlich endgültig dabei, sich zu erholen. Nicht zuletzt seien grosse Investoren bereit, sich zu engagieren.

Den Optimismus befeuerte die Entwicklung der Aktienmärkte 2010: Die Aktienmärkte setzten den Aufschwung nämlich kräftig fort. Vor diesem Hintergrund erstaunt es nicht, dass die Finanzkrise aus den Schlagzeilen verschwand, dass man sie als endgültig überwunden betrachtete. Die Börsenprognosen für 2011 fielen überschwänglich aus. Die professionellen Strategen gingen von einem guten bis glänzenden Jahr aus. Ähnlich flöteten die Konjunkturprognosen: Der Aufschwung setze sich fort, in Sicht sei nicht einmal eine Abschwächung und schon gar keine zweite Rezession (Double Dip). Zudem flauten selbst die Sorgen um die Schuldenkrise, die sich 2009 abgezeichnet hatte, ab. Man vergass sie ganz einfach. Bei einem derartigen, allgemeinen Optimismus ist an das Bonmot zu erinnern, dass es meistens anders kommt, als man denkt, Denn es gilt: Überrascht werden jene, die keine Gefahren sehen (wollen).

3 ... in die Schuldenkrise

Je mehr die Finanzkrise eskalierte, desto eher sahen sich Staaten gezwungen, massiv zu intervenieren, um den Kollaps des Finanzsystems abzuwenden. Als die Finanzkrise in eine Schuldenkrise ausartete und die Rezession sich verschärfte, machte das Gespenst vom «Staatsbankrott» die Runde. Es erschien zu Beginn des Jahres 2009 in breiten Bevölkerungskreisen, es sorgte sowohl in den Massenmedien als auch bei renommierten Ökonomen für Besorgnis.

Wenn öffentliche Haushalte ausser Kontrolle geraten und die Budgetdefizite eskalieren, ist es nicht verwunderlich, dass die Frage nach der Zahlungsfähigkeit eines Staates gestellt wird. Aus der Geschichte wissen wir, dass Staaten in extremen Situationen Zuflucht bei der Notenbank suchen und von ihr verlangen, die Notenpresse anlaufen zu lassen. Die Zentralbank wird zum «Retter in der Not» (Lender of Last Resort). Diese Rolle kann – und darf – sie nicht grenzenlos spielen. Es kommt sonst zur Hyperinflation und schliesslich zu einer Währungsreform. In dieser Beziehung ist man besonders in Deutschland sensibilisiert, denn dort erlebte man 1923 und 1948 eine Währungsreform mit verheerenden Verlusten. Das war allerdings die Folge zweier (verlorener) Weltkriege und demnach nicht der «Normalfall».

Doch zurück zum ersten (Quasi-)Staatsbankrott, mit dem wir es jüngst zu tun hatten: Zu diesem kam es, wie oben ausgeführt, in Island. Die Spekulation trieb die dortige Währung in die Höhe, bis die Spekulationsblase platzte. Die isländische Krone brach massiv ein, was die Banken nicht verkraften konnten. Um ihren Zusammenbruch zu vermeiden, wurden sie am 8. Oktober 2008 verstaatlicht. Doch damit war der Staat offensichtlich überfordert, er geriet an den Rand der Zahlungsunfähigkeit. Zur Abwendung der Insolvenz sprang der IMF ein. Er gewährte Hilfe, wie sonst auch, in Verbindung mit drastischen Auflagen zur Sanierung des öffentlichen Haushalts. Island blieb leider kein Einzelfall: Es folgten unter anderem Ungarn, die Ukraine und Lettland. Immer wieder sprang der IMF ein, wie später auch in Pakistan und Serbien.

Ein Gespenst geht um

Mit der Beinahe-Pleite europäischer (Klein-)Staaten war das Gespenst vom Staatsbankrott nicht mehr zu ignorieren. Von den Massenmedien angeheizt, griff die Angst vor einer finanziellen und ökonomischen Katastrophe in der breiten Öffentlichkeit um sich. Die brennende Frage lautete: Wer würde der Nächste sein? Zu den Kandidaten zählten diesbezüglich Griechenland, Italien und Irland. Sie bekundeten damals grösste Mühe, Kredite zu erhalten. Da es sich um Mitglieder der EU und der Eurozone handelte, überraschte es nicht, dass man sich Sorgen um die Eurozone insgesamt und den Zusammenhalt der EU machte. Was würde passieren, wenn ein Land oder sogar mehrere Länder aussteigen müssten? Die entsprechenden Szenarien waren alles andere als dazu angetan, die Euroländer zu beruhigen. In Deutschland kursierte die Schlagzeile: «Was wird aus unserem Geld?».

Doch was auch immer geschehen würde, man vertraute auf eine Absicherung: Nach Artikel 104b des EU-Vertrages darf kein Land für die Schulden eines anderen Mitgliedstaates «haftbar» gemacht werden. Es gilt die sogenannte No-Bail-out-Klausel. Jedes Land muss selbst – und allein – für seine Schulden geradestehen. Trotzdem kamen Zweifel auf, ob man sich im Ernstfall daran halten werde. Davor fürchteten sich selbstverständlich jene Länder, die Netto-Beiträge in die EU-Kasse zahlen, allen voran Deutschland.

Grosse Hoffnungen setzte man in den IMF. Man traute dieser Institution zu, stets die Feuerwehr spielen zu können, wenn Staaten von der Zahlungsunfähigkeit bedroht wären. Dabei übersah man, dass der IMF dann an gewisse Grenzen stösst, wenn die Mitgliedstaaten mit ihren Beitragszahlungen im Verzug sind. Der IMF verfügt längst nicht mehr über ausreichende Mittel, um wunschgemäss tätig werden zu können. So war der IMF bereits Anfang 2009 auf einen Kredit aus Japan von über 100 Milliarden Dollar angewiesen. Bis zum Frühjahr 2009 hatte der IMF im Rahmen von «Stand-by-Abkommen» rund 50 Milliarden Dollar an Hilfen zugesagt. Daher erwies es sich als notwendig, zusätzliche Finanzmittel zu beschaffen. Man ging von einem Betrag von 250 bis 500 Milliarden Dollar aus. Die G-20-Länder erkannten die Dringlichkeit einer entsprechenden Aufstockung an. Um diese zu realisieren, müssten Mitgliedstaaten, abgesehen von China, sich entsprechend zusätzlich verschulden.

Es dauerte nicht lange, bis man im Juni 2009 aus der Presse erfuhr, dass der IMF neue Wege zur Finanzierung einschlagen werde. Er hatte vor, selbst Geld am Kapitalmarkt aufzunehmen, also entsprechend Anleihen zu emittieren. Diese würden selbstverständlich mit einem Triple A (AAA) ausgestattet sein. Mit diesem Label der Ratingagenturen versehen, sind solche Anleihen für institutionelle Anleger verlockend.

Je höher sich der IMF aber verschulden kann, desto grosszügiger wird er einspringen (müssen), um auch grosse Länder vor dem Staatsbankrott zu retten. Im Zuge einer solchen Entwicklung läuft der IMF selbst Gefahr, zahlungsunfähig zu werden. Er kann nur dann funktionsfähig bleiben, wenn ihm die grossen Mitgliedstaaten (auch) mit der eigenen Notenpresse zu Hilfe eilen. Entsprechend würde das Vertrauen in den IMF schwinden, was mit verheerenden (globalen) Folgen verbunden wäre. Er fiele als stabilisierender Faktor gänzlich aus.

Der Optimismus von 2009 erwies sich als Makulatur. Ab Anfang 2010 hielt man stattdessen Ausschau nach Bankrott-Kandidaten. Man stiess dabei auf Portugal, Irland, Griechenland und Spanien. Diese Länder wurden nach ihren Anfangsbuchstaben so gruppiert, dass daraus das Kürzel «PIGS», auf Englisch «Schweine», entstand. Das lässt Rückschlüsse auf den Geist zu, der in der (amerikanischen) Finanzindustrie herrschte bzw. herrscht. Die korrekte Reihenfolge war und ist: Griechenland, Irland, Portugal, Spanien (GIPS). Die amerikanischen Ratingagenturen kamen mit ihren Warnungen wieder einmal zu spät, nämlich als jene Länder bereits unmittelbar vor der Zahlungsunfähigkeit standen. Die Herabstufung heizte Spekulationen mit maroden Staatsanleihen weiter an. Sie wurden im grossen Stil leerverkauft. Zugleich war man gerne bereit, neue Anleihen zu zeichnen, nachdem man sich mit Credit Default Swaps abgesichert hatte. Die (Gross-)Banken engagierten sich massiv in dieser Absicherung, da sie darin ein lukratives Geschäft sahen. Schauen wir uns nun die Länder, die akut vom Staatsbankrott bedroht waren, einmal genauer an.

Griechenland

Dem Staatsbankrott sehr nahe kam im ersten Quartal 2010 Griechenland. Die EU erkannte den Ernst der Lage und erliess drastische Auflagen. Das jährliche Defizit müsse bis 2012 auf drei Prozent des BIP gesenkt werden, hiess es. Doch nach und nach sickerten Informationen darüber durch, wie das Land seine tatsächliche finanzielle Lage manipuliert, verschleiert und Kennzahlen geschönt hatte, um der Eurozone beitreten zu können. Am Ausmass der Manipulation vor und nach der Übernahme des Euro konnte man erkennen, dass Griechenland die EU-Auflagen nicht erfüllen konnte. Im April 2010 war es dann so weit. Um die Zahlungsunfähigkeit abzuwenden, sprangen der IMF und einzelne EU-Länder, sozusagen stellvertretend für die EU, mit Zusagen von bis zu 110 Milliarden Euro ein. Daraufhin beruhigte sich die Lage zunächst. Griechenland verschwand bald – wie sich zeigen sollte vorübergehend – aus den Schlagzeilen.

Die Versuche, Griechenland zu retten, waren in verschiedener Hinsicht problematisch. Erstens sendeten die Hilfsmassnahmen – und dies gilt generell für solche Hilfsmassnahmen – ein falsches Signal. Andere Länder konnten hinfort damit rechnen, im Ernstfall auch gerettet zu werden. Entsprechend liessen sie in ihren Anstrengungen zur Sanierung ihrer Finanzen nach. Zweitens betrieb die EU ein «Umgehungsgeschäft»: Um nicht gegen die No-Bail-out-Klausel zu verstossen, also faktisch Vertragsbruch zu begehen, sprang sie nicht selbst in die

Bresche, sondern schickte einzelne EU-Länder unter dem Anschein eines freiwilligen Engagements vor. Drittens ist nicht davon auszugehen, dass finanziell überforderte Staaten sich dadurch sanieren, dass man ihnen «hilft», indem man ihnen noch mehr Schulden aufbürdet. Oder um ein anderes Bild zu bemühen: Eine «Schlankheitskur» kann man nicht erfolgreich durchführen, indem man sich noch mehr als bisher «mästet».

Zu den bestehenden rund 330 Milliarden an griechischen Schulden kommen ab 2010 in wenigen Jahren (maximal) 110 Milliarden (an Hilfen, die dereinst zurückgezahlt werden müssen) dazu. Das ist absolut nicht zu verkraften, man hat einfach Zeit gekauft und die Lösung der Probleme auf die lange Bank geschoben. Es wäre in jeder Beziehung nur konsequent gewesen, Griechenland pleitegehen zu lassen. Mit einem Schuldenverzicht von rund 50 Prozent wäre die Staatsschuld auf annähernd 60 Prozent am BIP gesunken und damit EU-konform geworden. Doch das wollte man unbedingt vermeiden, denn einen Schuldenerlass von rund 160 Milliarden Euro hätten die involvierten Banken aus dem EU-Raum, vor allem französische und deutsche, nicht verschmerzen können. Sie wären schon wieder auf Staatshilfe angewiesen gewesen. So hat man Griechenland im Grunde genommen geholfen, um im eigenen Haus eine erneute Bankenkrise zu vermeiden. Aber, wie heisst es doch so schön: Aufgeschoben ist nicht aufgehoben!

Rettungsschirm für den Euro

Aufgrund drohender Staatsbankrotte und im Zuge der Hilfe an Griechenland geriet der Euro massiv unter Druck. Es überrascht nicht, dass der Angriff gegen den Euro massgeblich aus

New York geführt wurde. Dort verkaufte man im grossen Stil Euros und marode (Euro-)Staatsanleihen leer, ohne darüber zu verfügen. Dazu gibt es eine interessante Vorgeschichte, die dem Verständnis dieser Zusammenhänge dienlich ist. In den 1990er-Jahren hörte man unisono aus den USA: Der Euro wird nicht kommen, es wird diese europäische Währungsunion nie geben. Man wollte schlicht keine (globale) Konkurrenz zum US-Dollar. Als der Euro trotzdem eingeführt wurde, hiess es: Er wird keinen Bestand haben. Den Amerikanern passte es gar nicht, dass der Euro sich innerhalb von zehn Jahren zur zweitwichtigsten Reservewährung entwickelte. Als die Schuldenkrise innerhalb der EU ausbrach, erblickte man die Chance, den Euro anzugreifen, mit dem Ziel, ihn zu vernichten. Doch nach einem schweren Einbruch gegenüber dem Dollar erholte sich die europäische Währung 2010 wieder. Für die Zukunft ist es wohl entscheidend, dass der Euro – trotz aller Probleme – die ungleich solidere Währung als der marode US-Dollar ist.

Die EU sah der Eurokrise nicht tatenlos zu. Sie beschloss einen 750-Milliarden-Euro-Rettungsfonds und gründete dafür die European Financial Stability Facility (EFSF). Federführend war und ist hier die EU-Kommission. Die Finanzierung erfolgt über die Emission von Euro-Anleihen, die am Markt platziert werden. Formell haftet nicht die EU selbst, sondern die EU-Kommission. Daher handelt es sich um ein weiteres «Umgehungsgeschäft», um nicht gegen die No-Bail-out-Klausel zu verstossen. Die EU-Kommission wird aber von allen EU-Mitgliedern (unterschiedlich stark) finanziert. Faktisch geht es demnach um die EU. Man geht davon aus, dass die 750 Milliarden Euro bis 2013 ausreichen dürften. Das ist aber nur so lange der Fall, wie grosse Länder wie Spanien und/oder Italien nicht auf Hilfe angewiesen sind. Vorsorglich erklärte man, den Rettungsfonds aufzustocken, wenn sich eben dies als erforderlich erweisen werde. Das war jedenfalls der Stand der Dinge per Ende 2010.

Es blieb aber nicht nur beim Rettungsfonds. Kurz darauf wurde die EZB sozusagen gezwungen, mit dem Ankauf von maroden Staatsanleihen zu beginnen, um den Markt entsprechend zu entlasten. Die EZB trägt dabei das Risiko. Das ist ein gefährliches Präjudiz, denn um solche Käufe dauerhaft zu sichern, kommt die EZB nicht ohne die Notenpresse aus. Doch das ist verhängnisvoll, wie die Geschichte von Staatsbankrotten eindrücklich zeigt. Am Ende stand stets eine Währungsreform. Um das auf Dauer zu vermeiden, ist es entscheidend, dass die EZB auf den Pfad der (monetären) Tugend zurückkehrt und Käufe von Staatsanleihen nicht weiter fortsetzt. Doch das könnte sich als Illusion erweisen: Die Politik wird den Ausstieg aus der Finanzierung der Schuldenwirtschaft zu verhindern wissen. Damit kauft sie Zeit, ohne das Schuldenproblem einer Lösung zuführen zu können.

Am 29. Oktober 2010 beschloss ein EU-Gipfel einen Krisenmechanismus, der fortan im Fall der Fälle wirken sollte, der European Financial Stability Mechanism (EFSM). Die No-Bail-out-Klausel wurde darin bekräftigt. In den Krisenmechanismus werden die «Privatwirtschaft» und der IMF einbezogen. Wesentlich sind und betont werden zudem «äusserst strikte Auflagen». Dabei stellt sich allerdings die Frage, ob solche Auflagen künftig zum Zuge kommen werden. Die Erfahrungen aus der Vergangenheit sind nämlich alles andere als ermunternd. Weder 60 Prozent am BIP für Staatsschulden noch drei Prozent am BIP für (jährliche) Defizite wurden ein-

gehalten. Solche Regeln erwiesen sich stattdessen jeweils als
«Papiertiger».

Irland

Ab Herbst 2010 produzierte Irland kaum erfreuliche Schlagzeilen: Es drohte die Insolvenz. Im Gegensatz zu Griechenland
rührte die Krise aber nicht von einer ruinösen Finanzpolitik
auf Pump her. Noch 2008 hatten die irischen Staatsschulden
lediglich 33 Prozent am BIP betragen. Das Land galt damals als
europäischer «Musterknabe». Verursacht wurde die Schuldenkrise vielmehr durch eine Immobilienkrise, die wiederum
durch eine «grenzenlose» Kreditvergabe an den Bau- und Immobiliensektor ermöglicht und angeheizt worden war, bis die
Blase platzte. Als der Zusammenbruch des Bankensystems unmittelbar bevorstand, wurde zuerst die Anglo Irish Bank verstaatlicht. Damit gingen ihre und andere «faule» Kredite an
den Staat über, der entsprechend intervenieren musste. Als
dann eine schwere Rezession ausbrach, kam der Staat zusätzlich unter Druck. Seine Defizite explodierten und übertrafen
jene aller anderen EU-Länder. Innerhalb (relativ) kurzer Zeit
kletterten die Staatsschulden (am BIP) in bedrohliche Höhen.

Im Falle von Irland ging es um ungleich grössere Dimensi-
onen als in Griechenland. Bedrohlich involviert waren vor al-
lem europäische Banken (und Länder). Spitzenreiter war
Grossbritannien. Die Bundesrepublik Deutschland hatte schon
Mitte 2010 Ausstände von 186,5 Milliarden Euro in Irland
(«Vertraulicher Schweizer Brief» vom 30. Dezember 2010). Im
Falle von Spanien waren es 216,6 Milliarden Euro. Bei Grie-
chenland waren es (nur) 65,5 Milliarden Euro. Das Schlusslicht

bildete Portugal mit 44,2 Milliarden Euro. Es handelt sich um jene Länder, die am meisten von der Insolvenz bedroht waren. Sie schuldeten der Bundesrepublik Deutschland zusammen rund 500 Milliarden Euro.

Am 29. November 2010 war Irland bereit, Hilfe anzunehmen. Die EU-Finanzminister hiessen ein Kreditprogramm gut, das von der EU-Kommission, der EZB und dem IMF ausgearbeitet worden war. Es beläuft sich auf 85 Milliarden Euro unter Einschluss eines irischen Beitrags von 17,5 Milliarden. 10 Milliarden dienen einer unmittelbaren Rekapitalisierung des Bankensektors. 25 Milliarden bilden eine Reserve für allfällige weitere Unterstützung der Banken, und 50 Milliarden stehen zur Finanzierung des Staatshaushaltes zur Verfügung. Das Staatsdefizit soll bis 2015 auf drei Prozent am BIP zurückgeführt werden. Sowohl der Staat als auch die Banken müssen dem IMF und der EU vierteljährlich den Nachweis erbringen, dass sie sich in der erforderlichen fiskalischen Disziplin üben.

Im Vergleich zu Griechenland, dem eine Eurohilfe in Höhe von 110 Milliarden zuteil wurde, fielen die 85 Milliarden Euro für Irland «bescheiden» aus, wenn man bedenkt, um welche (andere) Dimension es hier ging. Es war daher abzusehen, dass es sich nur um einen ersten Schritt handelte, dem weitere folgen würden. Am 15. Dezember meldete der IMF Bedenken in Bezug auf die Rückkehr zu soliden Finanzen in Irland an. Die Schulden würden bis 2013 auf 125 Prozent am BIP steigen, die Quote hätte sich dann seit 2007 vervierfacht. Sollte die Wirtschaft in den nächsten Jahren nicht mit 2,25 Prozent pro Jahr wachsen, sondern stagnieren, so würde die Schuldenquote bis 2015 auf 155 Prozent klettern. Daraus kann man ableiten, dass Irland kaum zu retten ist, die Insolvenz ist nicht mehr abzu-

wenden. Der Rettungsschirm der EU kann zwar vorübergehend, nicht aber dauerhaft und in beliebigen Dimensionen
helfen. Am 24. Dezember 2010 war aus der Presse zu erfahren,
dass die einst grösste irische Bank, die Allied Irish Bank, auf
dem Gerichtsweg verstaatlicht wurde: Sie konnte die neuen
Regeln für das Kernkapital nicht erfüllen.

Eine Atempause

Anfang 2011 blühte Optimismus auf. Der EU-Kommission gelang es, die erste Anleihe zur Stützung Irlands zu platzieren.
Hinzu kam eine verheissungsvolle Nachricht aus Fernost. Der
japanische Finanzminister verkündete, sein Land sei bereit, einen Beitrag zur Stabilisierung der Eurozone zu leisten. Japan
werde mehr als 20 Prozent der ersten Emission der European
Financial Stability Facility kaufen. Man greife dabei auf die
Währungsreserven zurück. Diese beliefen sich Ende Dezember
2010 auf 1096 Milliarden Dollar. Zuvor hatte bereits China
begonnen, Euro-Anleihen zu kaufen. Dies in der erklärten Ab-
sicht, einen Beitrag zur Stabilisierung der europäischen Schuldenkrise zu leisten. Europa ist schliesslich ein wichtiger Partner
im chinesischen Aussenhandel. Es mag eine Rolle gespielt haben, dass der Dollar nicht besser dasteht als der Euro, ein
Wechsel in den Euro mit geringeren Risiken verbunden ist.
Nicht zuletzt ist China daran interessiert, aus geopolitischen
Gründen ein Gegengewicht zu den USA zu bilden, also Europa zu helfen. Zur Beruhigung trug auch bei, dass Griechenland, Spanien, Portugal und Italien Anleihen am Markt platzieren konnten. Das vermag insofern nicht zu überraschen, als
hohe Renditen im Spiel sind und eine Ausfallversicherung

über Credit Default Swaps erfolgt. Das erweckt den Eindruck, auch solche Anleihen seien risikolos. Derweil gingen die Abstufungen der Ratingagenturen trotz Rettungsschirm weiter. Dies betraf auch Portugal, das auf dem Wege war, den Rettungsschirm zu benötigen. Am 12. Januar 2011 reagierte die EU-Kommission mit Mahnungen und Beruhigungen. Sie verlangte von den EU-Mitgliedern einen schnelleren Schuldenabbau und Reformen zur Förderung wirtschaftlichen Wachstums. Zugleich kündigte die Kommission an, den Rettungsschirm bis zu einer Summe von 1500 Milliarden Euro aufzuspannen.

4 Krisen dauern länger, als man denkt

Bricht eine Krise aus, so zeigen sich Politik und Wirtschaft überrascht. Man findet umgehend eine Ausrede dafür, dass man die Krise nicht hat kommen sehen: «Das konnte einfach niemand voraussehen.» Es darf einfach nicht sein, dass jemand womöglich rechtzeitig gewarnt hat und doch ungehört geblieben ist. Ein Grund für das Ignorieren nahender Krisen ist auch der berühmte (Zweck-)Optimismus: Probleme werden, sobald sie erkannt sind, systematisch heruntergespielt. Man unternimmt sozusagen alles, damit keine Verunsicherung und schon gar kein Pessimismus aufkommen. Das würde nämlich der wirtschaftlichen Entwicklung schaden. Nicht wenige operieren mit dem Schlagwort: «Alles wird gut.» Damit sorgt man für gute Stimmung und lenkt von (realen) Problemen ab. Zieht sich die Krise jedoch in die Länge, so zieht man den Joker und Mutmacher: «Wir haben das Schlimmste hinter uns.» Es geht also wieder aufwärts, allen Unkenrufen zum Trotz. Hört man solche Einschätzungen unisono aus Politik und Wirtschaft, so ist Skepsis angesagt.

Es gibt auffallend viele Spitzenmanager in der Wirtschaft, die in Optimismus machen und die Lage regelmässig falsch einschätzen: Sie unternehmen eigentlich alles, damit die Frage nicht aufkommt, wer für die Krise verantwortlich ist. Schuld sind erfahrungsgemäss immer «die anderen» und/oder «das

Ausland». Man ist mit allen Kräften darauf bedacht, sich selbst, die Wirtschaft und ihre «Kapitäne» nicht in Verruf geraten zu lassen. Das schadet nämlich dem Image und könnte (neue) Regulierungen nach sich ziehen, die man unter allen Umständen vermeiden möchte: Man will möglichst bald zu den «alten Zeiten» zurückkehren – als ob nichts gewesen wäre.

Jeder ist gut beraten, nicht jenen Glauben zu schenken, die in ihrem eigenen Interesse Schönfärberei betreiben. Sie scheuen dabei nicht vor Fehlinformationen, Manipulationen und sogar glatten Lügen zurück, um ihre Ziele zu erreichen. Es braucht zwar viel Standvermögen, um nicht auf solche Kräfte hereinzufallen, aber je mehr Optimismus verbreitet wird, desto wahrscheinlicher ist dies: Das Gegenteil wird eintreffen. Und: Krisen dauern immer länger, als uns suggeriert wird.

Konjunktur und Wachstum

Um die Frage zu beantworten, ob auf eine Rezession nur eine Erholung oder nachhaltiges Wachstum folgt, ist man gut beraten, sich an der langfristigen Erfahrung zu orientieren. Befindet sich die Wirtschaft in einem langfristigen Aufstieg (im sogenannten Kondratieff-Zyklus), so fallen Rezessionen jeweils mild aus. Sie kommen ausserdem eher selten vor. Das ist in der zugrunde liegenden Dynamik der Wirtschaft begründet. In einem langfristigen Abstieg (einer Depression) häufen sich Rezessionen, sie fallen jeweils kräftiger aus als in einem Aufwärtstrend. Die zugrunde liegende Dynamik ist (zu) schwach. Das ist auf fundamentale Strukturprobleme zurückzuführen.

In den USA setzte 1983 der fünfte Kondratieff-Zyklus ein (Wittmann, 2007). Im Zuge dieses Aufstiegs gab es nur zwei

Rezessionen, die milde ausfielen. Die erste vom Herbst 1990 bis Frühjahr 1991, die zweite im Jahr 2001. Doch das änderte sich infolge der Immobilienkrise (ab 2006) und der Finanzkrise (ab 2007). Um die Wende 2007/2008 setzte in den USA eine schwere Rezession ein, die bis Mitte 2009 dauerte, demnach rund 18 Monate. Die Rezession griff auch auf Europa über, wo es zu einem je nach Land unterschiedlich schweren konjunkturellen Einbruch kam.

Als Mitte 2009 eine kräftige Erholung einsetzte, insbesondere in den USA und Deutschland, klangen die Nachrichten wieder optimistisch. So vor allem 2010, als manche Länder auf dem Wege waren, wieder das wirtschaftliche Niveau wie vor dem Einsetzen der Rezession zu erreichen. Es lautete allerorten aus Politik und Wirtschaft, es werde wieder endgültig und nachhaltig aufwärtsgehen. Ein erneuter Einbruch, eine zweite Rezession analog zu 1980 und 1982 werde es nicht geben. Wenn überhaupt, so sei lediglich mit einer vorübergehenden Verlangsamung des Expansionstempos (einer sogenannten Delle) zu rechnen. Das war die alles überragende Einschätzung zur Jahreswende 2010/11.

Der auf die Konjunktur bezogene Optimismus dürfte sich als voreilig erweisen. Im Mittelpunkt des Interesses stehen die USA, die (alte) Lokomotive der Weltwirtschaft. Die kräftige Erholung aus der Rezession heraus ist auf Sonderfaktoren zurückzuführen. Zum einen sind es die massiven Stimulierungsmassnahmen, demnach die Überflutung der Wirtschaft mit Liquidität. Zum Zweiten spielte der Lagerzyklus eine wichtige Rolle. Es kam zum Lageraufbau, was die Güterproduktion stimulierte. Drittens sind die Importe zurückgegangen, was sich dank weniger «Abflüsse» stützend auf das BIP auswirkte. Die Erholung konzentrierte sich auf den industriellen Sektor, weniger auf den dominanten Dienstleistungssektor. Man hat es eher mit einer monetären Aufblähung als mit einem realen Phänomen zu tun. «Die Finanzwoche» brachte es in der Ausgabe vom 15. Dezember 2010 auf den Punkt: Es handelt sich um die schwächste Erholung bezogen auf alle zehn Nachkriegsrezessionen.

Die konjunkturelle Entwicklung 2011 ist in den USA durch eine Reihe von Faktoren belastet. Die Entwicklung am Arbeitsmarkt war schon 2010 schwach. Diese Schwäche wird anhalten und vor allem den privaten Konsum belasten: Dieser ist für die gesamtwirtschaftliche Nachfrage, mit rund 70 Prozent, entscheidend. Die Stimulierungseffekte erwiesen sich trotz eines gigantischen Einsatzes als schwach. Zudem laufen entsprechende Massnahmen allmählich aus. Von neuen Stimulierungen ist nicht mehr als von den bisherigen zu erwarten. Mit historisch niedrigen Zinssätzen fehlt ein Spielraum nach unten, sie fallen demnach (faktisch) aus. Am Immobilienmarkt ist keine Erholung in Sicht: Die Preise haben gegen Ende 2010 angefangen zu fallen (Case-Shiller-Index). Es kommt hinzu, das die Banken die «Liquidierung» von Häusern nicht ordnungsgemäss durchgeführt haben: Sie sehen sich zunehmend gezwungen, Häuser zurückzukaufen. Das belastet ihre Bilanzen und untergräbt das Vertrauen in den Immobilienmarkt. Und nicht zuletzt: Repräsentative Vorlaufindikatoren waren schon ab Herbst 2010 rückläufig. So unter anderem der Index des Economic Research Institute (ERI). Daraus war damals zwingend zu schliessen, dass die konjunkturelle Erholung sich 2011 abschwächen dürfte, was später eintraf.

Eine nachlassende Dynamik ist auch in den sogenannten Bric-Ländern in Sicht. Dieses Kürzel steht für Brasilien, Russland, Indien und China. Alle vier Länder sind sogenannte Schwellenländer. China ist Anfang 2011 gegen die Expansion der Geldmenge angetreten und hat das mit Zinserhöhungen kombiniert, was sich dämpfend auswirkt. Damit will man die Inflation bekämpfen und den boomenden Immobiliensektor (besser) in den Griff bekommen. Brasilien hat Massnahmen ergriffen, um die Aufwertung der eigenen Währung und den spekulativen Kapitalzufluss zu dämpfen. Eine Abkühlung ist auch in Indien und Russland zu erwarten, in Indien im industriellen, in Russland im Rohstoffsektor. Die Bric-Staaten haben mit einer merklichen Abkühlung des Wachstumstempos zu rechnen. Man kann dieses Phänomen auch als Konsolidierung oder als «Wachstumsdelle» bezeichnen. Im Übrigen: Nach Perioden starker Expansion ist das nicht aussergewöhnlich. Es kommt erschwerend hinzu: Für die Bric-Länder ist es typisch, dass sie kaum hochwertige Erzeugnisse produzieren. Vielmehr sind sie von der globalen Nachfrage nach «einfachen» Gütern und «Auftragsproduktion» abhängig. Das gilt vor allem für China, aber auch Indien. Bei Brasilien und Russland dominieren die Rohstoffexporte.

Zu einer kräftigen Erholung aus der Rezession heraus kam es auch in der EU, am spektakulärsten in Deutschland. Mitgeholfen hat nicht nur der schwächelnde Euro, der den Export «verbilligte». Erfahrungsgemäss folgt auf einen abrupten Einbruch eine kräftige Erholung. Diese ist aber je nach EU-Land sehr unterschiedlich verlaufen. Unter Druck kamen vor allem jene Länder, die an den Abgrund der Insolvenz gerieten sowie in jüngster Zeit hinzugekommene EU-Länder. Anfang 2011 war eine Abkühlung der Konjunktur für die EU insgesamt in Sicht. Das nicht zuletzt auch deshalb, weil die Nachfrage aus den Bric-Ländern nachlässt und darüber hinaus in der Zukunft weiter nachlassen dürfte. Dämpfend werden sich auch die Sparmassnahmen auf die Konjunktur auswirken, die zur Sanierung der öffentlichen Haushalte eingeleitet und realisiert werden.

Für Deutschland, die Wachstumslokomotive der EU, war Anfang 2011, entgegen offizieller Einschätzungen, eine konjunkturelle Abkühlung nicht auszuschliessen. Der Konjunkturindex des Mannheimer Zentrums für Europäische Wirtschaftsforschung, genannt ZEW-Index, der per saldo die positiven und negativen Erwartungen für die nächsten sechs Monate repräsentiert, war seit Herbst 2010 gesunken. Von monatlichen Schwankungen abgesehen, dürfte sich diese Entwicklung fortsetzen, ohne jedoch in den Minusbereich abzurutschen. Der Ifo-Wirtschaftsklima-Index eilte 2010 von Rekord zu Rekord, aber Anfang 2011 stagnierte der Aufstieg. Das war der Auftakt zu einer Abkühlung der konjunkturellen Expansion.

Zu einer nachlassenden Dynamik kam es in der Weltwirtschaft 2011. Anfang 2011 rechnete der IMF mit einer leichten Abnahme der Wachstumsrate von bis dahin 5,0 auf knapp über 4,0 Prozent. Auf eine solche Entwicklung wies der Ifo-Weltwirtschaftsklima-Index ab 2010 hin. Das ist vor allen Dingen auf die sich abschwächende Expansion in den führenden Industrienationen und den Bric-Ländern zurückzuführen. Der IMF sieht für 2012 eine ähnliche Konjunkturentwicklung voraus, demnach keine Rezession, nicht einmal in Japan.

Man sollte trotzdem nicht die Entwicklung des OECD Leading Economic Indicator aus den Augen verlieren, der für die Industrieländer zuständig ist. Sein spektakulärer Anstieg ab Herbst 2008 sagte die konjunkturelle Erholung ab Mitte 2009 zuverlässig voraus. Der Höhepunkt im Anstieg wurde aber schon gegen Ende 2009 erreicht. Danach ging der Indikator stufenweise zurück. Ende 2010 war er im neutralen Bereich (bei null) angelangt. Entgegen den optimistischen Prognosen war daraus eine konjunkturelle Abkühlung abzuleiten. Im Brennpunkt des Interesses stand damals die Frage, wie es über 2011 hinaus weitergeht. Kommt es zu einer «Wachstumsdelle» oder mehr noch: zu einer Rezession, die bisher unisono in Abrede gestellt wurde? Um diese Frage zu beantworten, bleibt uns nichts anderes übrig, als repräsentative prospektive Indikatoren zu verfolgen. Diese würden eine Rezession im Jahr 2012 rund ein halbes Jahr im Voraus anzeigen.

Verlorene Jahrzehnte

Sozusagen prototypisch verkörpert eine verlorene Dekade Japan. Als der spektakuläre Aufstieg des Landes, der in den 1960er-Jahren begonnen hatte, Ende der 1980er-Jahre abbrach, war man zunächst überrascht. Man hatte vielmehr damit gerechnet, dass sich der Höhenflug fortsetzen würde. Allerdings muss man festhalten, dass der «Bank Credit Analyst» das Ende des langfristigen Aufstiegs rechtzeitig vorausgesagt hat. Japan galt seit den 1960er-Jahren als ein herausragendes, erfolgreiches Wirtschafts- und Gesellschaftsmodell. Man pilgerte nach Japan, um dieses Modell zu studieren und von ihm zu lernen. Unter den Besuchern im Land des Lächelns waren auch Gewerkschaftsvertreter, die von der hohen und nachhaltigen Beschäftigung dort beeindruckt, zu Hause jedoch mit Arbeitslosigkeit konfrontiert waren. Zu einer Euphorie kam es vor allem 1987, als der japanische Aktienmarkt im Gegensatz zur Wall

Street keinen Crash erlebte. Ein Zusammenbruch wurde schlicht und einfach durch Manipulationen verhindert. Doch Hochmut kommt vor dem Fall: Ab den 1990er-Jahren brach der Nikkei-Index ein, binnen zehn Jahren um drei Viertel, ohne sich bisher nachhaltig erholt zu haben.

Japan antwortete auf die damals einsetzende Krise mit defensiven Massnahmen. Das Land betrieb eine exzessive Expansionspolitik nach keynesianischem Muster, auf Pump. Entsprechend schoss die Staatsverschuldung nach oben, von 70 Prozent am BIP 1990 auf 130 Prozent bis ins Jahr 2000. Danach ging es weiter nach oben, zunächst bis 2005 auf 175 Prozent und inzwischen auf über 200 Prozent. Staat und Zentralbank sprangen in gigantischem Ausmass ein, um von der Pleite bedrohte (Gross-) Unternehmen, Banken, Versicherungen und Immobiliengesellschaften zu retten. Man ging dabei sogar so weit, Aktien aufzukaufen, um den Aktienmarkt zu stützen. Japan verzichtete auf marktwirtschaftliche Reformen im Inland und Liberalisierungen nach aussen: Vielmehr hielt es am (alten) kooperativen System fest. Darin haben Grossunternehmen, Wirtschaftsverbände zusammen mit dem Staat das Sagen: Es handelt sich aus westlicher Sicht um einen «Ständestaat». Wie kaum anderswo in diesem Ausmass, so lässt der Nationalstolz in Japan es nicht zu, Schwächen einzugestehen. Es kann und darf einfach nicht sein, dass das japanische Modell versagt hat und durch ein anderes, die Marktwirtschaft, ersetzt werden muss. Denn die Marktwirtschaft gilt nicht als japanisches, sondern als «fremdes» System.

Schon vor dem Abstieg Japans hielt man nach Gewinnern für «das nächste Jahrzehnt» Ausschau. Dabei dominierte die These: Die Neunzigerjahre werden den US-Amerikanern gehören. Damit lag man zunächst durchaus richtig, doch Ende der 1990er-Jahre kamen Zweifel auf: Die USA hatten ihren Zenit inzwischen überschritten. Das nächste Jahrzehnt, das erste des 21. Jahrhunderts, so hiess es dann, gehöre Europa, genauer gesagt den EU-Staaten. Führende amerikanische Ökonomen wie Lester Thurow gingen entschieden weiter. Sie sahen Europa auch über diesen Zeitrahmen hinaus vor den USA. Dabei dürfte es eine entscheidende Rolle gespielt haben, dass es sich in den USA um keynesianisch-orientierte Ökonomen handelte, denen der europäische Wohlfahrtsstaat mehr zusagte als das amerikanische Modell der «freien Marktwirtschaft». Nicht erst heute wissen wir, dass Europa die hochgesteckten Erwartungen nicht zu erfüllen vermochte. Die USA zeichneten sich bis zur Rezession 2008 durch eine höhere Dynamik als Europa aus. Allerdings: Mit dem Einsetzen dieser (schweren) Rezession kam die Frage auf, ob die USA wohl auf dem besten Wege zu japanischen Verhältnissen seien. Das Wort vom «verlorenen Jahrzehnt» machte die Runde.

Empirischer Befund

Anfang 2011 war jene Krise, die im Immobiliensektor (USA) eingesetzt hatte und in die Finanzkrise mündete, noch nicht ausgestanden. Die Schuldenkrise steckte erst in den Anfängen. Zwar wurden inzwischen Gegenmassnahmen wie der Euro-Rettungsschirm und die Sanierung maroder Staatsfinanzen eingeleitet, vor allem in Europa. Ob daraus ein nachhaltiger Erfolg werden würde, war noch nicht abzusehen. In den USA setzte man weiterhin auf «mehr Schulden» und Liquidität durch das Fed, um die Wirtschaft und den Finanzsektor nicht «absaufen» zu lassen. Es handelt sich demnach nicht um Sanierungsmassnahmen, sondern um eine Fortsetzung jener Politik, die auf der monetären Seite fundamentale Probleme lösen möchte. Erfahrungsgemäss dürfte diesem Vorhaben kaum Erfolg beschieden sein. Die Krise, die 2007 begonnen hatte, war 2011 bereits im fünften Jahr. Daher stellt sich die brennende Frage, wie lange sie noch andauern wird. Man ist gut beraten, sich an der Geschichte zu orientieren: Wie lange haben schwere Krisen jeweils fortbestanden, bevor es wieder endgültig nach oben ging?

Zu diesem Thema gibt es die aufschlussreiche Untersuchung «After the Fall» von Carmen und Vincent Reinhart (2010). Darin wird die Entwicklung des (realen) BIP nach Höhe und Wachstumsraten, der Arbeitslosigkeit, der Bankkredite und der Immobilienpreise untersucht. Es geht um globale und länderspezifische Schocks oder (ernsthafte) Ereignisse. Ins Visier nehmen die Autoren den Börsencrash von 1929, den Ölschock von 1971 und den Subprime-Kollaps von 2007. Hinzu kommen 15 herausragende wirtschaftliche Ereignisse nach dem Zweiten Weltkrieg. Diese werden in einem grösseren Zusammenhang, demnach nicht nur über Jahre, sondern über Jahrzehnte hinweg, analysiert. Typische verlorene Jahrzehnte sind die 1930er-Jahre während der grossen Depression, die 1980er-Jahre in Lateinamerika und die 1990er-Jahre in Japan. Die (relative) Prosperität vor einem Einbruch (Fall) zeichnet sich – so zeigt es die Studie – durch exzessive Kreditexpansion und steigende Verschuldung der Wirtschaft (Leaverage) während rund zehn Jahren aus. Anschliessend folgt immer eine Periode des «Rückzugs», die mindestens so lange dauert wie jene der (kreditgetriebenen) Expansion. Grob skizziert könnte man sagen:

Es geht immer wieder zehn Jahre «bergauf» und ebenso lange «bergab». Dementsprechend liegt Anfang 2012 erst der halbe Weg nach unten hinter uns.

Zum besseren Verständnis dessen, was abgelaufen ist und sich künftig entwickeln könnte, sind die spezifischen Ergebnisse von «After the Fall» zu berücksichtigen. Die realen Wachstumsraten (BIP) sind in der Dekade ab dem Einsetzen einer schweren Finanzkrise signifikant niedriger als zuvor. In entwickelten Volkswirtschaften erreichte das reale Wachstum im Durchschnitt nur noch rund ein Prozent pro Jahr. So in Spanien (1977), Norwegen (1987), Finnland (1991) und Japan (1992).

Aufschlussreich ist die Analyse der grossen Depression der 1930er-Jahre. In nahezu der Hälfte der entwickelten Volkswirtschaften lag das reale BIP 1939 unter dem Niveau von 1929. Es gelang damals nicht, binnen zehn Jahren zum BIP vor der Krise zurückzukehren. Zwischen 2007 und 2010, allerdings für einen kürzeren Zeitraum, zeigt sich Ähnliches: Das reale Pro-Kopf-BIP liegt zwei Prozent niedriger als 2007. Diese Erfahrung deckt sich weitgehend mit Einbrüchen während der insgesamt 15 ernsthaften Krisen seit Ende des Zweiten Weltkrieges, aber die Krise zwischen 2007 und 2010 fiel tiefgreifender, langwieriger und breiter gestreut aus.

Dies ist allerdings keine Überraschung: Die Arbeitslosenraten sind während (schweren) Finanzkrisen signifikant höher als vor den Krisen. Im Durchschnitt liegen sie um fünf Prozentpunkte höher. In zehn von fünfzehn Krisen nach dem Zweiten Weltkrieg haben sich die Arbeitslosenraten nicht auf das Vorkrisen-Niveau zurückgebildet. Zur Entwicklung der «Häuserpreise» (Immobilien) gibt es Daten für zehn Krisen. Diese

Preise sind in 90 Prozent der Fälle eingebrochen, im Durchschnitt um 15 bis 20 Prozent, in zehn Jahren – kumulativ – sogar bis 55 Prozent. Sie haben sich in (extremen) Einzelfällen rund halbiert. Das konnte nicht ohne Auswirkungen auf die Bautätigkeit bleiben. Diese Einbrüche trugen erheblich zum Anstieg der Arbeitslosigkeit bei.

Im Mittelpunkt des Interesses oben genannter Untersuchung steht jedoch die zyklische Aufblähung des privaten Sektors mit Schulden (Leaverage). In den Dekaden vor einer Krise stieg der Anteil der (inländischen) Kredite im Durchschnitt um 38 Prozent am BIP. Darüber hinaus sind die Kreditströme in Ländern, die auf ausländische Kredite angewiesen sind, zu beachten. Hier fand regelmässig eine massive Aufblähung statt. Das gilt auch für die Periode vor 2007. Daraus ist zu schliessen: In dem Masse, wie die Vergangenheit Massstab für die Zukunft ist, gilt, dass der Abbau (Deleverage) von Kreditexzessen der Zeit vor 2007 im Jahr 2011 nicht abgeschlossen ist. Er geht weiter, und Wachstum und Beschäftigung werden darunter auf Jahre hinaus zu leiden haben.

Der fünfte Kondratieff-Zyklus

1926 entdeckte der russische Ökonom Nicolai D. Kondratieff (1892–1938) die sogenannten langen Wellen der Konjunktur. Sie zeichnen sich typischerweise dadurch aus, dass sie über einen Zeitraum von 50 bis 60 Jahren laufen. Den Beginn dieser Zyklen sah Kondratieff im Jahr der Französischen Revolution, 1789. Nachgewiesen wurden die langen Wellen, der sogenannte Kodratieff-Zyklus, anhand des Goldpreises und der Grosshandelspreise in Grossbritannien und in den USA. Es handelt sich bei diesen Zyklen nicht um ein reales, sondern um ein monetäres Phänomen.

Auch Joseph Alois Schumpeter (1883–1950), ein österreichisch-amerikanischer Ökonom, beschäftigte sich mit Konjunkturphasen und unterschied 1939 deren vier. Die erste Phase, der Aufstieg, die Prosperität dauert seiner Ansicht nach 25 bis 30 Jahre. Daran schliesst sich in der zweiten Phase eine kurze, aber heftige Rezession an. In der dritten Phase erholt sich die Wirtschaft während drei bis fünf Jahren. In der vierten Phase bricht die Wirtschaft ein, und der Niedergang nimmt seinen Anfang. Dieser dauert 15 bis 20 Jahre an. Die Wirtschaft gerät währenddessen in eine tiefe Strukturkrise, vermag sich nicht zu erholen und stagniert. Daher sprach der britische Ökonom John Maynard Keynes in den 1930er-Jahren von der «säkularen Stagnation».

Nach dem Zweiten Weltkrieg wurden die sogenannten langen Wellen zunächst nicht ernst genommen. Sie seien kein reales Phänomen, lauteten die lakonischen Kommentare. Ab den 1960er-Jahren fing man an, sich erneut für die langen Wellen zu interessieren. Im Rahmen einer intensiven empirischen Forschung gelang es, solche Wellen nachzuweisen, so für die industrielle Produktion in Grossbritannien von 1830 bis 1979. Mit dem Einbruch der Weltwirtschaft in den 1970er-Jahren gewannen die langen Wellen schlagartig an Aktualität. In den 1980er-Jahren kam es zu einer Flut von Publikationen (Wittmann, 2007). Dabei zeigte es sich, dass man es beim Kondratieff-Zyklus sehr wohl mit einem realen, gesamtwirtschaftlichen Phänomen zu tun hat. Es gelang, vier lange Wellen (Long Waves) nachzuweisen. Die erste dauerte von 1789 bis 1849, die zweite von 1849 bis 1896, die dritte von 1896 bis 1939, die vierte von 1939 bis 1983.

Nach dem Zweiten Weltkrieg gab es im Gegensatz zu früher einen mehr oder weniger kontinuierlichen Fluss an fundamentalen Erfindungen. Die Zeitspanne von der Erfindung bis zur Anwendung (Innovation) verkürzte sich auf fünf bis zehn Jahre, verglichen mit 15 bis 25 Jahren zuvor. Das blieb nicht ohne Auswirkungen auf den Ablauf einer langen Welle. So dauerte der Abstieg ab 1967 nicht mehr so lange wie erwartet: Er endete nicht erst in den 1990er-Jahren, sondern bereits 1982. Der eigentliche Einbruch spielte sich in diesem Beispiel zwischen 1973 und 1982 ab und währte demnach (nur) rund zehn Jahre. Dies deckt sich mit den oben genannten Ergebnissen der Untersuchung «After the Fall».

Im Brennpunkt des Interesses steht der fünfte Kondratieff-Zyklus, der in den USA 1983 eingesetzt hat. Die Voraussetzungen für einen erneuten Aufstieg wurden durch die grundlegenden Erfindungen der 1970er- und 1980er-Jahre geschaffen. Diese setzten sich (relativ) rasch anhand «marktreifer» Innovationen durch. Der entscheidende Faktor ist die Erfindung des Mikroprozesses im Jahre 1977. Die Mikroelektronik hat Computer (PC 1982), Roboter und Telekommunikation revolutioniert.

In den 1990er-Jahren beschleunigte sich der technologische Fortschritt noch einmal markant. Im Mittelpunkt stand dabei die Informationstechnologie (IT), die den Durchbruch schon zuvor geschafft hatte und nun Fortschrittsmotor war. Die IT stiess in den darauffolgenden Jahren in zuvor unvorstellbare Dimensionen vor. Daran konnte auch die dramatische Baisse an den Aktienmärkten von 2000 bis zum Frühjahr 2003 nichts ändern. Der damalige Einbruch hatte seine Ursache nicht in den Perspektiven der Hightechbranche selbst, sondern in den völlig überzogenen Kursen (Bewertungen) der entsprechenden Aktien.

Gegenüber dem Fortgang der technologischen Revolution war man noch 2005 mehrheitlich positiv eingestellt. Damals kam der «Bank Credit Analyst» (März) zu dem Schluss: Die IT-Revolution befinde sich weiter in einem (relativ) frühen Stadium. Das Innovationstempo sei anhaltend hoch. Grössere Durchbrüche seien unter anderem in der Bio- und Nanotechnologie zu erwarten. Davon – und von den Innovationen seit den 1980er-Jahren – würden nachhaltige Impulse für die wirtschaftliche Entwicklung bis zunächst 2015 ausgehen. Darüber hinaus seien weitere Impulse zu beachten.

Bis zum Zweiten Weltkrieg beschränkte sich der wirtschaftliche Aufstieg, von Japan abgesehen, auf die westlichen Industrieländer. Im Laufe der Nachkriegszeit kamen New Industrialized Countries (NIC), die «Tiger» aus dem Fernen Osten dazu, so Hongkong, Singapur, Südkorea und Taiwan. In den 1990er-Jahren zogen die Bric-Staaten – Brasilien, Russland, Indien und China – die Aufmerksamkeit auf sich. Damit nahm die Wirtschaft eine globale Dimension an. Das verleiht dem Kondratieff-Zyklus, der für die westlichen Industrienationen typisch ist, eine neue Dimension, kann seinen Verlauf sogar entscheidend beeinflussen. Mit nachhaltigen Impulsen von «aussen» könnte er nicht unerheblich verlängert werden.

Dafür wurden jedoch früher Bedingungen gestellt: kein Abschied vom Freihandel um den Preis eines Rückfalls in den Protektionismus. Solche Bestrebungen bestehen bereits in Ansätzen. Den Aufstieg abbrechen würden allenfalls «externe Schocks», so unter anderem grössere kontinentale Kriege, globale Epidemien, Boykotte im Erdölsektor, terroristische Anschläge, die das globale Informationssystem lahm legen, oder ein Kollaps des globalen Finanzsystems. Hier kommt das entscheidende «Stichwort»: eine globale Finanzkrise zum Beispiel, wie sie 2007 einsetzte. Dies gibt Anlass, den Aufstieg seit 1983 und den künftigen Kondratieff-Zyklus in einem vollkommen neuen Licht zu sehen.

Der Aufstieg im Kondratieff-Zyklus hätte schon 2006, demnach nach 23 Jahren, zu Ende gehen müssen. Die heftige Rezession von Anfang 2008 bis Mitte 2009 passt zum typischen Verlauf, so auch die kräftige Erholung seit Mitte 2009. Eine solche Phase dauert erfahrungsgemäss zwei bis drei Jahre. Entsprechend würde sie 2012 auslaufen. In diesem Fall würde der Kondratieff-Zyklus «planmässig» ablaufen. Doch was nun ansteht, ist weniger erfreulich: Fällig ist ein Einbruch von rund zehn Jahren, über 2020 hinaus. Wenn es dazu kommt, so hätte der Abstieg im Kondratieff-Zyklus – von 2006 aus gerechnet – rund 15 Jahre, wie zuletzt zwischen 1967 und 1982, angedauert. Man ist gut beraten, das nicht a priori hinzunehmen, einfach abzuwarten, sondern sich an vorauslaufenden Indikatoren zu orientieren. Mithilfe dieser Indikatoren ist (allmählich) zu erfahren, ob und wann die Erholungsphase enden wird und ob danach eine längere Stagnation von rund zehn Jahren oder gar eine Depression folgen wird.

5 Finanzindustrie – im alten Stil weiter

Die Finanzindustrie spielt seit Jahren alle Probleme und selbst verschuldeten Fehler systematisch herunter. So wurde bereits ab 2008 verkündet: «Wir haben aus der Krise gelernt.» Man zögert auch nicht zu beteuern: «Auf die nächste Krise sind wir vorbereitet.» Mit einem Anflug von «Reue» ist zu hören und zu lesen: «Fehler können einem mal unterlaufen.» Gemeint ist damit «einmal», nicht öfters. Schon im Laufe von 2009, als die Baisse im Frühjahr und die Rezession Mitte des Jahres zu Ende gingen, war nicht mehr zu übersehen: Die Finanzindustrie agierte zunehmend so, als ob es gar keine Krise gegeben hätte. Sie ist seither sozusagen um jeden Preis darauf aus, aufzuholen, zu den «goldenen Zeiten» vor der Krise zurückzukehren. Dazu passt eine urmenschliche Erfahrung: Wer am Aufholen ist, der hat keine Geduld und fährt einen aggressiven Kurs. Es versteht sich von selbst: Dabei werden (potenzielle) Risiken einfach ausgeblendet.

Um dem nachzugehen, wieso es zur Finanzkrise ab 2007 kam, rufen wir uns in Erinnerung: Die Subprime-Krise wurde nicht zuletzt dadurch möglich, dass (schon) 1995 Regulierungen bei der Vergabe von Hypotheken in den USA aufgehoben wurden. Diese «Liberalisierung» wurde mit dem Slogan «Jedem Amerikaner sein Haus» der Allgemeinheit schmackhaft gemacht. Ein historischer Fehler war 1999 die Aufhebung des

Glass-Steagall Act aus dem Jahre 1932. Entsprechend gab es hinfort keine Trennung mehr zwischen Investment- und Geschäftsbanken. Daraus sind unter anderem «Giganten» der Finanzindustrie wie z. B. die Citigroup hervorgegangen. Im Jahr 1999 kam es zu einer weiteren Liberalisierung. Zuvor hatte die Einlagenversicherung nur für Banken gegolten, die keine spekulativen Geschäfte betrieben. Nun wurde diese Einlagenversicherung auf alle Banken ausgedehnt. Es nahm der Anreiz zu, spekulative Geschäfte voranzutreiben. Auf die Spitze trieb es der Commodity Futures Modernization Act aus dem Jahr 2000, denn damit wurde der Finanzspekulation Tür und Tor geöffnet.

Wie der Filz funktioniert

Die Finanzindustrie hat auch insofern (so viel wie) nichts aus dem Desaster seit 2007 gelernt, als sie keine Gelegenheit ausliess, gegen drohende Regulierungen zu polemisieren. Solche seien weder angemessen noch nützlich, denn sie würden die Konkurrenzfähigkeit schwächen und sich in jeder Beziehung als kontraproduktiv erweisen. Damit ist nicht nur die Finanzindustrie, sondern die gesamte Wirtschaft gemeint. Es wird (bewusst) ausgeblendet, was die Finanzindustrie angerichtet hat: gigantische Verluste für private und institutionelle Anleger, eine schwere Rezession, einen «Berg» von toxischen Papieren und explodierende Staatsschulden, letztlich um das Finanzsystem vor dem Kollaps zu bewahren. Die Zentralbanken sahen sich gezwungen, die Geldschleusen zu öffnen und die Notenpresse in Bewegung zu setzen. Sie mussten ausserdem in einem Ausmass toxische Papiere und marode Staatsanleihen aufkaufen, dass sie zu einer riesigen «Mülldeponie» wurden.

Zum einen haben sie dabei Vertrauen eingebüsst, zum anderen wurden sie in ihrer Funktionsfähigkeit eingeschränkt, ihre «Kapitaldecke» schrumpfte.

Man darf nicht darüber erstaunt sein, dass es der Finanzindustrie immer wieder gelungen ist, einschneidende Regulierungen zu be- und verhindern. Die Branche profitiert von der engen Verflechtung zwischen ihr selbst, dem Finanzministerium, den Regulierungsbehörden, der Zentralbank, der Wissenschaft und der Politik im Allgemeinen. Das lässt sich nachdrücklich an den Machtverhältnissen in den USA demonstrieren. Der Finanzminister kommt regelmässig aus der Finanzindustrie. Er ist in der Regel ein Investmentbanker. Bei der Aufsichtsbehörde Commodity Futures Trading Commission (CFTC) kann sich nur jemand halten, der nicht auf Kollisionskurs mit der Finanzindustrie geht. Die Finanzindustrie sponsert politische Parteien und herausragende Kandidaten, die ihr nahestehen. Zugleich verfügt sie über eine starke Lobby in Washington, die in erheblichem Ausmass über Geld verfügt. Nicht minder wichtig: Der Chef des Fed stammt ebenfalls aus der Finanzindustrie, so früher Alan Greenspan und heute Ben Bernanke. Von ihnen erwartet die Finanzindustrie niedrige Zinsen und eine üppige Versorgung der Wirtschaft mit Liquidität. Dafür wurde einst Greenspan mit der Auszeichnung «Darling der Wall Street» belohnt. Bernanke ist in seine Fussstapfen getreten. Nicht zuletzt sind auch die (Wirtschafts-)Berater des Präsidenten zu nennen. Sie kommen vorwiegend von berühmten Universitäten wie Harvard oder der Columbia University in New York und stehen der Finanzindustrie sehr nahe.

Welche Rolle Präsidenten-Berater in den USA spielen (können), wird an (nur) zwei Beispielen illustriert. Larry Summers, früher Präsident der Harvard University, amtete unter Bill Clinton als Finanzminister. Er forcierte die Deregulierung an der Wall Street, war für die Aufhebung der Trennung zwischen Investment- und Geschäftsbanken sowie für den Commodity Futures Modernization Act verantwortlich. Er schaltete die Chefin der Aufsichtsbehörde CFTC, Brooksley Born, aus, weil sie schon zu einem frühen Zeitpunkt auf die Gefahr von Derivaten hingewiesen hatte. Summers war danach Chef-Berater von Barack Obama, der im Falle seiner Wahl «eine neue Kultur an der Wall Street» gefordert hatte. Später übernahm Summers lukrative Consulting-Jobs in der Wirtschaft. Der zweite Fall, den wir hier nennen wollen, ist Glenn Hubbard, Wirtschaftsdekan der Columbia University. Er war massgebend an der Formulierung der Steuergeschenke von Präsident George W. Bush an die «Reichen» beteiligt. Danach wechselte er die Seite, wurde «Berater» von Präsident Obama und lässt sich von der Wall Street sponsern.

Die amerikanischen Verhältnisse lassen sich nicht tel quel auf andere Länder übertragen. Hier gibt es erhebliche bis entscheidende Unterschiede. Länder mit einem gesamtwirtschaftlich relevanten bis dominanten Finanzplatz, wie u. a. England, Deutschland, Frankreich und die Schweiz, sind darauf bedacht, nicht ins Hintertreffen zu geraten: Sie lehnen Alleingänge grundsätzlich ab. Dabei wird die dortige Finanzindustrie von den jeweiligen Regierungen kräftig unterstützt. Darüber hinaus ist man in zahlreichen Ländern nicht bereit, vorzupreschen, denn: Auch hier sind die Banken ein wichtiger Wirtschaftsfaktor. Ausserhalb der USA lassen sich Zentralbanken in der Regel weniger vor den Karren der Finanzindustrie spannen. Sie sind prioritär an der Geldwertstabilität, unter Berücksichtigung der konjunkturellen Entwicklung, orientiert. Dies trifft grundsätzlich auch für die Europäische Zentralbank zu.

Erfolgreiche Abwehr von Regulierungen

Bei der Abwehr von Regulierungen kann die Finanzindustrie mit der Hilfe der ganzen Wirtschaft rechnen. Mächtige Wirtschaftsverbände lehnen zusätzliche Regulierungen grundsätzlich ab, und sie fordern erfolgreich auch Deregulierungen. Doch was auch immer, sie unternehmen alles, um ihren Spielraum nicht einengen zu lassen. Dementsprechend wirken sie auf politische Parteien und (einflussreiche) Politiker ein. Das tun sie unter anderem mit «Spenden» und lukrativen Aufträgen. Am erfolgreichsten sind sie in Ländern, in denen politische Funktionen entweder nicht (Milizsystem) oder nur «schlecht» entlohnt werden. Hier ist man auf «Nebeneinkünfte» angewiesen. Letztlich ist die Wirtschaft im Allgemeinen und die Finanzindustrie im Besonderen nicht an unabhängigen Politikern interessiert, denn sie könnten für mehr Regulierung eintreten. Es fällt zudem auf, dass Wirtschaftsverbände von ausserhalb der Finanzindustrie nicht zögern, die Anliegen der Finanzindustrie zu unterstützen. Das ist selbst dann der Fall, wenn die Finanzindustrie kläglich versagt und der (übrigen) Wirtschaft und dem Staat Schaden zugefügt hat. Die Finanzindustrie ist demnach eine Art «Schwarzfahrer» der erfolgreichen Abwehr von Regulierungen auf seiten der übrigen Wirtschaft.

Bei der Abwehr von Regulierungen spielen für die Finanzindustrie auch Massenmedien eine nicht zu unterschätzende Rolle. Es ist nicht zu übersehen, wie private (kommerzielle)

Fernsehsender und die Wirtschaftspresse, ob Zeitungen oder Magazine, sich in den Dienst der Finanzindustrie stellen. Das hat einen bestimmten Grund: Die Medien leben in einem erheblichen bis entscheidenden Ausmass von den Werbeeinnahmen aus der Finanzindustrie. Das ist eine Feststellung, kein Vorwurf, denn es versteht sich eigentlich von selbst, dass man nicht bereit ist, «Selbstmord» zu begehen, indem man gegen die Interessen mächtiger Kunden (offen) aktiv wird. «Opfer» sind auch freischaffende Journalisten, die sich in den Dienst der Finanzindustrie stellen: Sie dürfen mit grosszügigen Honoraren, auf die sie nicht selten angewiesen sind, rechnen.

In den Auseinandersetzungen der letzten Jahre über zusätzliche Regulierungen der Finanzindustrie und allem, was damit zusammenhängt, ist nicht zu übersehen: Von allen Seiten ertönt der Ruf nach globalen (einheitlichen) Lösungen. Der Grund dafür ist: Preschen einzelne Länder vor, so weicht die Finanzindustrie an jene Standorte aus, wo die Bedingungen günstiger sind. Doch diesen Effekt möchte man unbedingt verhindern, vor allem aus der Sicht der dominierenden Finanzplätze, allen voran New York und London. Die Hoffnungen konzentrieren sich nicht erst heute auf die G-20-Länder, die zwar alle grosse Mächte, nicht aber alle Finanzplätze repräsentieren. Letztlich ist die Finanzindustrie aber nicht an globalen Lösungen interessiert, sondern an Schlupflöchern, um dort (spekulative) Geschäfte ungehindert fortsetzen zu können. Man hat den Eindruck, die Finanzbranche befürworte globale Regulierungen, wohl wissend, dass diese keine Chance haben, Realität zu werden. Ihr Bekenntnis ist demnach nicht viel mehr als ein «Feigenblatt», um ihre wahren Absichten zu kaschieren, nämlich: Regulierungen unbedingt zu vermeiden.

Als «Zwischenbericht» war eine Bilanz der Bemühungen um eine globale Finanzmarktreform Mitte 2010, drei Jahre nach dem Beginn der Finanzkrise, fällig. Hansueli Schöchli beschrieb am 20. Juli 2010 in der «Neuen Zürcher Zeitung» die Quintessenz wie folgt: Die Regulierung des Finanzsektors präsentiert sich als vollkommen unübersichtliche Dauerbaustelle. «Vieles ist vorgeschlagen, eher weniges beschlossen, und das Kernproblem ist weiterhin ungelöst», so Schöchli. Was in konkrete und verbindliche Beschlüsse mündet bzw. einmal münden wird, ist nicht offenkundig. Es geht um das Eigenkapital und Liquiditätsstandards für Banken, Sonderregelungen für systemkritische Institute, Einlegerschutz, Derivatenhandel, Leerverkäufe, Bonuspolitik, Rechnungslegung, Kompetenzen für Aufsichtsbehörden, Sondersteuern für Finanzinstitute, Ratingagenturen und Hedgefonds. Zwar haben die meisten Länder den Versicherungsschutz für Bankeinlagen verstärkt. Die Hedgefonds sollen in den USA und in der EU strenger überwacht werden. Von den Ratingagenturen fordert man mehr Transparenz und die Vermeidung von Interessenkonflikten. Doch darüber hinaus sind zentrale und entscheidende Probleme bisher nicht einer Lösung zugeführt worden. So auch in Bezug auf die faktische Staatsgarantie für Grossbanken.

Im Mittelpunkt der Diskussion stehen seit Jahren globale Eigenmittelstandards für Banken. Es geht um den Prozentsatz der Eigenmittel an der «Bilanzsumme», die Leaverage Ratio. Halbwegs Einigkeit besteht in Bezug auf mehrere Grundsätze. Die Standards sind zu verschärfen, die Quoten zu erhöhen. Für systemkritische Institute sind besonders strenge Regeln erforderlich. Man sieht weiter vor, das Eigenkapital besser und zwingend zu definieren. Man darf nicht den Banken überlassen, zu bestimmen, was für sie Eigenkapital ist. Schliesslich strebt man eine Art «zyklischen Ausgleich» an: In «guten Zeiten» sind die Polster zu erhöhen, um (Abbau-)Reserven in «schlechten Zeiten» zu besitzen.

Unter der Obhut der Bank für internationalen Zahlungsausgleich (BIZ) sind verschärfte Regeln für das Eigenkapital und Liquiditätspuffer ausgearbeitet worden (Basel III). Diese sind jedoch (sehr) umstritten, ganz und gar nicht allgemein akzeptiert. Es existiert ferner kein verbindlicher Zeitplan für die (globale) Umsetzung. Zahlreiche (unabhängige) Experten verlangen Eigenkapitalquoten von (mindestens) 20 Prozent, doch davon ist man weit entfernt. Die Schweiz ist hier insofern Vorreiter, als sie 19 Prozent anstrebt. Das allerdings nicht kurz- oder mittelfristig, sondern erst per 2018. Doch dieses Datum ist keineswegs gesichert. Dieser Zeitrahmen kann jederzeit unter dem Druck von Banken, Versicherungen und dem Verband Economiesuisse abgeändert, verkürzt und/oder verlängert werden.

Experten aus der ganzen Welt halten Eigenkapitalquoten von bis zu 40 Prozent für erforderlich, so liess sich zum Beispiel 2011 Simon Johnson, ehemaliger Chef-Ökonom des IMF und MIT-Professor, verlauten. Das liegt weit jenseits dessen, was man im Maximum global anstrebt. Es ist sogar realistisch anzunehmen, dass auch 20 Prozent ausser Reichweite liegen. Und es ist mit an Sicherheit grenzender Wahrscheinlichkeit davon auszugehen, dass zwar weiterhin intensiv diskutiert, faktisch aber so gut wie nichts (global) umgesetzt werden wird: Die Finanzindustrie kann daher – ungehindert – wie bisher weitermachen und mit hohem Leaverage operieren.

Um was es konkret geht

Zur Finanzkrise ab 2007 haben in erheblichem bis entscheidendem Ausmass die Derivate beigetragen: Sie wiesen ab 2000 eine explosive Entwicklung auf. Das kumulierte im September 2008 in der Pleite von Lehman Brothers. Danach liessen die Aktivitäten vorübergehend nach, doch – wie heisst es so schön: Die Katze lässt das Mausen nicht. Im Jahre 2009 schaltete man einen Gang höher, man wollte so rasch wie nur möglich zum Stand vor der Finanzkrise zurückkehren. Ende 2009 waren die Invesmentbanken schon wieder mit Derivaten vollgestopft, so las man in der «SonntagsZeitung» am 20. Dezember 2009. Spitzenreiter war die Investmentbank J. P. Morgan mit einem Volumen in CHF von 83 Milliarden, gefolgt von der UBS (45), der Credit Suisse (44), Goldman Sachs (42), der Bank of America (40) und der Citibank (34). Man höre und staune: Auf die beiden Schweizer Banken UBS und Credit Suisse entfielen ein Fünftel des Derivaten-Weltbestandes. Die UBS musste am 16. Oktober 2008 von Staat und Nationalbank vor der Pleite gerettet werden.

Im Jahr 2010 ging es am Derivatenmarkt weiter aufwärts. Die Produkte wurden immer komplizierter und intransparenter, und man lockte immer mehr mit einem «Kapitalschutz» bis zu 100 Prozent. Das erweckt bei den Anlegern den Eindruck, die versprochene Rendite sei voll abgesichert. Hier wird es zu einem bösen Erwachen kommen, wenn ein grosser Emittent von Derivaten mit dem gewährten Kapitalschutz überfordert ist. Die Lehman-Pleite lässt grüssen! Im Laufe von 2010 war das Volumen an Finanzderivaten (weltweit) auf fast 235 Billionen US-Dollar angeschwollen. Das ist rund das Vierfache des Welt-Brutto-Inland-Produktes.

Der Derivatenmarkt sieht sich zunehmend mit Problemen konfrontiert. Zum einen fehlt es an ausreichend liquiden Märkten, um jederzeit einen «fairen» Handel abzuwickeln. Zum anderen sollen nur rund zehn Prozent der Derivate während ihrer Laufzeit gehandelt werden, so war es in der «Finanz & Wirtschaft» am 20. Februar 2011 nachzulesen. Entsprechend sind Emittenten gefordert, ihr Angebot attraktiv zu pflegen, um am Markt bleiben zu können, nicht dekotieren zu müssen. Es ist nur verständlich, dass die Emittenten auf einen funktionierenden Handel setzen, denn auch damit wird (zusätzlich) Geld verdient. In diese Richtung zielte die angekündigte Fusion der NYSE-Euronext mit der Deutschen Börse im Februar 2010. Daraus würde die weltweit führende Börse hervorgehen. Ein erklärtes Ziel war (und ist) die Dominanz im globalen Handel mit Derivaten.

Typisch für die Zeit vor der Finanzkrise war eine rege und zunehmende Aktivität in Bezug auf Fusionen und Übernahmen (M & A) und Beteiligungsgesellschaften (Private Equity). Dabei waren insbesondere bei den Private-Equity-Investoren hohe Kredite im Spiel, sie finanzierten sich vor allem über Fremdkapital. Mit dem Einsetzen der Finanzkrise 2007 brachen solche Aktivitäten ab. Doch als die Wirtschaft sich ab Mitte 2009 von der Rezession erholte, setzten M & A-Aktivitäten wieder ein. Ihr Ziel war (und ist) grössere Unternehmen, um über mehr Macht am Markt zu verfügen. Zugenommen hat auch die Zahl (und das Gewicht) der IPOs, es kamen mehr (neue) Unternehmen an die Börse. Private-Equity-Unternehmen haben gemäss dem Unternehmen Thomson-Reuters im Jahr 2010 weltweit über 225 Milliarden Dollar an Zukäufen getätigt, fast doppelt so viel wie 2009.

Laut einer Umfrage von Pricewaterhouse-Coopers im Februar 2011 hatten 70 Prozent der Beteiligungsgesellschaften 2011 vor, erneut mehr zu investieren. Die Rückkehr zu den goldenen Zeiten vor der Finanzkrise war voll im Gange. Über 90 Prozent der Private-Equity-Investoren setzen derzeit auf Kredite und machen entsprechende Schulden, die in der Regel in die übernommenen Unternehmen ausgelagert werden. Kredite zu historisch niedrigen Zinsen gibt es in Hülle und Fülle. Auch leicht anziehende Zinsen werden sich nicht hemmend auf solche und andere (Finanz-)Aktivitäten auswirken.

Hedgefonds, als «alternative Anlagen» bekannt, machten früher immer wieder Schlagzeilen. Nicht wenige gingen pleite, oder gaben (freiwillig) das Geschäft auf oder wurden, da systemrelevant, gerettet, wie in spektakulärer Weise der Long-Term-Capital-Management-Hedgefond im Sommer 1998. Hedgefonds sind dafür berühmt berüchtigt, dass sie riskante Geschäfte mit einem hohen Kredithebel betreiben. Vor der Finanzkrise expandierten sie spektakulär, erreichten (verzögert) 2008 einen Höhepunkt mit einem Volumen von rund 1800 Milliarden Dollar. Danach ging das Volumen merklich zurück. Unter die Räder kamen vor allen Dingen kleine und mittlere Hedgefonds. 2009 ging es aber schon wieder aufwärts, als ob es zuvor keine Probleme gegeben hätte. Die Investoren gaben ihre Zurückhaltung auf und waren wieder bereit, vermehrt Geld zur Verfügung zu stellen. Im Jahr 2010 wurde der Rekord von 2008 gebrochen, mit steigender Tendenz bis ins Jahr 2011 hinein. Den grössten Zufluss erlebten die grossen Hedgefonds mit einem Volumen von mehr als fünf Milliarden Dollar.

Die Investmentbanken zeichnen sich durch hohe Bestände

an Papieren aller Art aus, mit denen sie einen regen (Eigen-) Handel betreiben. Dazu gehören Aktien, Anleihen jeder Laufzeit, Währungen, Hypotheken, Derivate, Commodities wie Edelmetalle, NE-Metalle, Energie und Agrarprodukte (Soft Commodities). Sie operieren mit einem hohen bis extrem hohen Kredithebel. Sie setzen selbst auf fallende Märkte mit «Leerverkäufen». Die mächtigen Investmentbanken manipulieren ausserdem die Märkte nach Lust und Laune, um auf diese Weise Gewinne zu erzielen.

Bei einem Einbruch an den Finanzmärkten und während einer anhaltenden Baisse werden Investmentbanken nicht selten auf dem falschen Fuss erwischt, erleiden massive Verluste, die sie an den Rand des Ruins führen. Die Finanzkrise nach 2007 veranlasste den Staat und die Zentralbanken, solche Banken zu retten, um eine Kettenreaktion zu vermeiden. Auf diesem Wege wurden die (selbst verschuldeten) Verluste «sozialisiert», entgegen dem Verursacherprinzip. In den Anfängen der Finanzkrise wurde der Eigenhandel erheblich zurückgefahren, aber als sich ab dem Frühjahr 2009 eine Erholung der Finanzmärkte wie auch der Wirtschaft abzeichnete, begannen die Banken erneut, ihren Eigenhandel zu forcieren.

Typisch ist auch der Verlauf der Emissionen von Unternehmensanleihen minderer Qualität (Junk Bonds). Laut Thomson Reuters wurden im Spitzenjahr 2006 für 185 Milliarden Dollar Junk Bonds emittiert. Nach einer Rückbildung während der Finanzkrise kam es 2010 wieder zu einem Höhenflug. Bereits nach neun Monaten wurde der Rekord von 2006 eingestellt und bis zum Jahresende übertroffen. Die Ratingagentur Moody's schlug schon im Herbst 2010 Alarm: Die Pleitenquote der Emittenten von Junk Bonds war gefährlich angestiegen.

Doch das schreckte die Investoren nicht ab, die Expansion ging unaufhaltsam weiter.

Seit Jahren ist die (kreditfinanzierte) Spekulation mit Commodities aller Art, nicht nur mit Kupfer, Erdöl und Edelmetallen, in vollem Gange. In zahlreichen Bereichen machen die Terminkontrakte das Vielfache der realen (echten) Nachfrage aus. Die anhaltenden raschen Preissteigerungen, besonders bei Agrarprodukten, waren bald einmal ein «öffentliches Ärgernis» und lösten soziale Spannungen nicht zuletzt in den Entwicklungsländern aus. Das störte aber die Spekulation nicht, insbesondere nicht diejenige von Investmentbanken, sie setzen ihre Aktivitäten sogar verstärkt fort. Brechen die Preise aber abrupt ein, so kann man auch viel, sehr viel Geld verdienen, sofern man auf der richtigen Seite steht und beispielsweise entsprechende Leerverkäufe vornimmt.

Was die Banken betrifft, so ist man gut beraten, nicht auf ihre Selbsteinschätzung zu vertrauen. Denn sie haben alles andere als ein solides Fundament und konnten die Krise keineswegs hinter sich lassen. Unabhängige Experten und Institutionen weisen regelmässig darauf hin, dass die Eigenkapitalquote viel zu niedrig ist. Entsprechend werden massive Kapitalerhöhungen gefordert, die allerdings bei Banken und nicht selten auch bei Politikern auf taube Ohren stossen. Die Banken operieren bewusst mit einer hohen Fremdfinanzierung, um auf diesem Wege ihre Eigenkapitalrendite steigern zu können. Sie verfolgen das – allzu– ehrgeizige Ziel, sozusagen um jeden Preis eine Eigenkapitalrendite von mindestens 25 Prozent zu erzielen. Die Banken sind in Europa angefüllt mit maroden (Euro-) Anleihen von Bankrottkandidaten. Hinzu kommen faule Immobilienkredite und Kredite an Unternehmen in Bedrängnis:

Der Abschreibungsbedarf ist entsprechend hoch. In den USA sieht es zwar anders, aber leider nicht besser aus. Zum einen sind es US-Staatsanleihen, Junk Bonds, riskante Kredite für Übernahmen und Fusionen und Immobilienkredite, die vor allem von der Subprime-Krise herstammen. Das Fazit lautet: Das Bankensystem ist alles andere als stabil, auch aus der Sicht des IMF: Die Krisenanfälligkeit ist entsprechend gross.

Gar nichts haben die (Investment-)Banken hinsichtlich der Bezüge ihrer (Top-)Manager gelernt. Sie haben sogar während der Finanzkrise, als sie «tiefrote» Zahlen schrieben, exorbitant hohe Boni ausbezahlt. Das ist nichts anderes als eine verkehrte Welt. Es handelt sich nicht um Erfolgs-, sondern Verlustprämien. Das erstaunt insofern nicht, als man es hier mit einem Selbstbedienungsladen zu tun hat. Die Manager bestimmen selbst, ohne jede Kontrolle von aussen, was sie beziehen möchten! Die Bezüge haben die ersten Jahre der Finanzkrise weitgehend unbeschadet überlebt. Für das Jahr 2010 wurden an die Manager an der Wall Street 135 Milliarden Dollar ausbezahlt, so viel wie nie zuvor. Von neuer Bescheidenheit oder gar Schamgefühl kann keine Rede sein. Offensichtlich nimmt man nicht einmal zur Kenntnis, in welchem Ausmass Staat und Zentralbank, auch ausserhalb der USA, eingreifen mussten, um dem – dekadenten – Finanzsystem aus der Misere zu helfen.

Es kommt nicht von ungefähr, dass die Finanzindustrie, vor allem die amerikanische, aus der Finanzkrise nichts gelernt hat und ihre Strategie aus der Zeit vor der Krise unbeirrt fortsetzt. Zum einen liegen die (Leit-)Zinsen seit Längerem nahe bei null. Zum anderen wird reichlich Liquidität bereitgestellt, auch für spekulative Zwecke. In den USA läuft das unter Quantitative Easing (QE). Dieser Vorgang wird jeweils wiederholt, wenn mehr Liquidität erforderlich scheint, um das Finanzsystem zu stabilisieren. Zur quantitativen Lockerung gibt es kaum historische Parallelen. In den letzten Jahren wurden in historischem Ausmass Staatspapiere jeder Laufzeit und Qualität aufgekauft, um dem Staat zu ermöglichen, sich weiter zu verschulden. Die US-Notenbank unterliegt nicht, wie beispielsweise die EZB, strengen Auflagen: Sie arbeitet eng mit dem Schatzamt, dem Finanzministerium, zusammen.

Die Zentralbanken haben sich zu sogenannten Bad Banks entwickelt. Sie retteten das Finanzsystem dadurch, dass sie alles aufkauften, was anderswo als «toxisch» galt bzw. gelten würde und nicht zu verkraften ist. Im Zuge dieser Entwicklung haben sich die Bilanzen der Zentralbanken bedrohlich aufgebläht und an Qualität empfindlich eingebüsst: Die Eigenkapitaldecke ist (zu) dünn geworden. Ein Ende solcher Aufkäufe war 2011 nicht abzusehen. Daraus kann man nur den Schluss ziehen: Die nächste Banken- und Finanzkrise ist leider programmiert.

6   Währungskriege

Was sogenannte Währungskriege angeht, hat man es mit einem Dauerproblem zu tun: Typisch für solche Auseinandersetzungen sind etwa die Spannungen zwischen den USA und China. Die Amerikaner drängen China seit Jahren, ähnlich wie früher Japan bezüglich des Yen, den Yuan aufzuwerten, weil dieser angeblich unterbewertet sei. Davon profitiere China in erheblichem bis entscheidendem Ausmass. Die Exporte, insbesondere in die USA, würden dadurch nachhaltig begünstigt. Als die Chinesen aber die kalte Schulter zeigten, waren die Amerikaner darüber erbost. Von einem Währungskrieg war zwar noch nicht die Rede, man drohte den Chinesen allerdings mit Strafzöllen, was nach Protektionismus riecht.

Das Schlagwort Währungskrieg prägte der brasilianische Finanzminister Guido Mantega. Er äusserte am 27. September 2010, dass wir mitten in einem internationalen Währungskrieg seien. Anlass zu dieser Verlautbarung gab die anhaltende Aufwertung des brasilianischen Real, aber auch anderer Währungen, vor allem Währungen aufstrebender Schwellenländer. Schuld daran seien die führenden Industrieländer wie die USA, Grossbritannien und die Länder der Eurozone. Diese Staaten würden ihre Währungen über Niedrigzinsen und Liquiditätsschwemme gezielt schwächen, um sich Vorteile im Aussenhandel zu verschaffen. Das Schlagwort Währungskrieg wurde von den internationalen Medien eifrig aufgegriffen, um die Stimmung anzuheizen: Journalisten produzierten Schlagzeilen, die um die Welt gingen. Zugleich malte man den Teufel an die Wand und wurde nicht müde, auf den «Abwertungswettlauf» der 1930er-Jahre hinzuweisen, der in die grosse Depression geführt bzw. diese verschärft hatte. Alle Welt war zunehmend darüber besorgt, dass die «Geschichte sich wiederholen könnte», wenn auch unter veränderten (globalen) Bedingungen.

Manipulationen

Der Abwertungswettlauf ist eine ruinöse Form des Währungskrieges. Wertet ein Land seine Währung ab, mit welchen Instrumenten auch immer, so erlangt es nur so lange einen Vorteil, bis andere Länder nachziehen. Je mehr Länder sich daran beteiligen und übereilt agieren, desto rascher gehen Vorteile verloren. Letztlich handelt es sich um ein Nullsummenspiel, das allen Ländern schadet, denn die Wirtschaft schrumpft und mündet schliesslich in eine (globale) Depression. In einem – dramatisch ausgedrückt – letzten Verzweiflungsakt ergreift ein Land nach dem anderen protektionistische Massnahmen. Die Staaten schotten sich nach aussen ab. Man ist mit einem desaströsen Handelskrieg konfrontiert.

Aufwärts ging es – mit Blick auf die Geschichte im 20. Jahrhundert – mit der (Welt-)Wirtschaft erst wieder, wenn es im Rahmen von Liberalisierungen zu einem anhaltenden Abbau von Hindernissen kam. In Abweichung zu den 1930er-Jahren spielen in der aktuellen Entwicklung zwei Aspekte eine entscheidende Rolle: zum einen die Devisenreserven der Schwellenländer, insbesondere in US-Dollar; zum anderen die schon lange beklagten Ungleichgewichte in den Leistungsbilanzen wichtiger Industrieländer, auch hier wieder allen voran der USA.

Die (globalen) Devisenreserven sind ein Problem, das sich seit der Asienkrise von 1997/98 verschärft hat, denn asiatische Länder haben unterdessen ihre Devisenreserven massiv aufgestockt. Daran ist die chinesische Währungspolitik massgeblich beteiligt. Chinas Währung ist an den US-Dollar gebunden. Zur Verteidigung dieser Anbindung hat die chinesische Zentralbank immer wieder Dollars gekauft. In der Folge sind diese Währungsreserven unter Einschluss von Taiwan, Hongkong und Macao zwischen 1995 und 2010 von 228 auf über 3000 Milliarden Dollar angeschwollen. An zweiter Stelle folgt Japan mit rund 1000 gegenüber 193 Milliarden Dollar im Jahre 1995. Inzwischen ist es üblich geworden, Wechselkursmanipulationen nicht nur zur Beeinflussung des Aussenhandels vorzunehmen. Man ist nicht erst seit heute darum bemüht, aus Devisenreserven Gewinne zu schlagen. Hier – in Asien – dreht sich sozusagen alles um den US-Dollar. Man strebt die Schwächung der eigenen Währung gegenüber dem Dollar an, um eine Aufwertung der Dollarreserven zu erzielen. Um diese in Verkaufsgewinne umzumünzen, muss es möglich sein, sich der US-Dollar zu entledigen, ohne den Dollarkurs zu schwächen.

Seit Längerem betreibt China konsequent eine Strategie, die Dollarreserven direkt im Ausland zu investieren, um Verkäufe (direkt) über den Devisenmarkt zu vermeiden. Denn das würde dem Dollarkurs schaden, man müsste entsprechende Verluste in Kauf nehmen, was selbstzerstörerisch wäre. Da der Dollar immer noch die dominante Weltwährung ist, eröffnen sich zahlreiche Möglichkeiten, diesen loszuwerden. Wir zählen an dieser Stelle einmal einige Möglichkeiten auf: Erstens bauten die Chinesen gigantische Lager an Metallen auf. Diese benötigen sie ohnehin für die wirtschaftliche Entwicklung. Das herausragende Beispiel ist Kupfer: Hier zeichnen sich zudem langfristige Engpässe ab. Zweitens geht es um Erdöl und Erdgas. Die chinesischen Staatsunternehmen beteiligen sich an ausländischen Unternehmen oder übernehmen solche. Darüber hinaus kaufen sie (global) Vorkommen an Erdgas, um es danach selbst zu fördern und zu transportieren. Entsprechend bauen und betreiben die Chinesen Pipelines, etwa in Afrika, vor allem Ostafrika. Drittens engagieren sie sich beim Bau und Betrieb von «Häfen» und verfügen dementsprechend über strategische Stützpunkte. Ein Beispiel ist der Hafen von Piräus, den die Chinesen langfristig gepachtet haben. Wenn nötig, helfen sie mit langfristigen Dollarkrediten nach und verbinden damit eine Option, später weitere Objekte zu pachten oder zu übernehmen. Viertens wird inzwischen auch in (ausländische) Raffinerien investiert. Ein Beispiel ist ein Joint Venture mit Saudi-Arabien zum Bau einer grossen Raffinerie am Roten Meer. Fünftens kaufen die Chinesen immer häufiger «Agrarland», vor allem – und das ist überraschend – in Afrika. Nicht zuletzt lässt sich zusammenfassen: Chinesen lassen sich überwiegend in unterentwickelten Ländern nieder, um dort den Handel zu beleben und letztlich zu dominieren. Im Zuge dessen überschwemmen sie solche Länder mit «billigen» Produkten aus China.

Darüber hinaus haben die Chinesen damit begonnen, auf einer zusätzlichen Schiene zu fahren. Die chinesische Nationalbank kauft vermehrt Gold, um die Währungsreserven zu diversifizieren. Ausserdem gewinnt der Euro als Währungsreserve an

Bedeutung. Es werden also zugleich Euro-Anleihen gekauft und sogar notleidenden Ländern der Eurozone Kredite gewährt, sogar Griechenland. Es wäre aber naiv zu glauben, dass damit keine strategischen Ziele verfolgt würden. Dollars werden unter anderem dazu verwendet, die Währungen der wichtigsten Konkurrenten in Asien – nämlich Japan, Südkorea und Taiwan – in die Höhe zu treiben, um ihre Exportfähigkeit zu schwächen.

Ungleichgewichte

Die globalen Ungleichgewichte in den Leistungsbilanzen sind zwar ein altes Problem, es hat sich aber spätestens seit dem Beginn der Finanzkrise im Jahr 2007 verschärft. Im Mittelpunkt steht traditionell das hohe und wachsende Defizit in der amerikanischen Leistungsbilanz. Die Finanzierung erfolgt über ausländisches Kapital, das sich vor allem in amerikanischen Staatsanleihen engagiert. Das erlaubt den USA, sich weiter und ungebremst im Ausland zu verschulden. Zum befürchteten Dollar-Kaufstreik ist es (noch) nicht gekommen. Doch was nicht ist, kann noch werden.

Früher ging es nicht um China, sondern um Japan und Deutschland. Im Zuge des spektakulären Wirtschaftsaufschwungs der Nachkriegszeit erzielten beide Länder massive und nachhaltige Überschüsse in der Leistungsbilanz. Es kommt nicht von ungefähr, dass man beide Staaten als ökonomische Gewinner des Zweiten Weltkrieges bezeichnet. Japan ist insofern ein «Sonderfall», als es von der Liberalisierung des Welthandels, früher im Rahmen des General Agreements on Tariffs and Trade (GATT), später der World Trade Organisation

(WTO), anhaltend profitierte und vor allem in die USA exportierte. Auf der anderen Seite wurde ein aktiver und passiver Protektionismus betrieben. Letzterer besteht darin, dass man es in Japan möglichst vermied, ausländische Produkte zu kaufen. Bei einem solchen (nationalistischen) Verhalten war es anderen Ländern nicht möglich, den japanischen Markt zu erobern. Das Ungleichgewicht im Aussenhandel blieb bestehen. Dies auch deshalb, weil Japan zwar gegenüber den USA zumindest regelmässig versprach, den Yen aufzuwerten, ohne dieses Versprechen jedoch einzulösen, über eine lange Zeit. Immerhin erreichte der Yen 2011 einen historischen Höchststand gegenüber dem Dollar, und Japan ist in Bezug auf den Überschuss in der Leistungsbilanz inzwischen aus den Schlagzeilen verschwunden.

Deutschland erzielte ähnlich wie Japan im Zuge des Wiederaufbaus nach dem Krieg und noch Jahrzehnte danach beschleunigt Überschüsse in der Leistungsbilanz, dies allerdings nicht durch eine Abschottung nach aussen, sondern dank der herausragenden Konkurrenzfähigkeit auf den Weltmärkten. Damit zog Deutschland schon ab der globalen Krise in der zweiten Hälfte der 1970er-Jahre die Aufmerksamkeit der Amerikaner auf sich: Die Freunde von Übersee forderten Deutschland immer wieder auf, eine expansivere Finanz- und Wirtschaftspolitik zu betreiben, den inländischen privaten und öffentlichen Konsum zu fördern und mehr zu importieren. Diese Forderung erhoben die USA unübersehbar auch nach dem Einsetzen der Finanzkrise ab 2007. Inzwischen ist, nach der Einführung des Euro, ein neues Element hinzugekommen. Deutschland erzielt markante Überschüsse im Euroraum, die von den Nachbarn mit Argwohn verfolgt werden. Daher kam es in den vergangenen Jahren nicht überraschend, als Länder der Eurozone, etwa Frankreich, Deutschland aufforderten, die eigene Wirtschaft mit einer expansiven Finanzpolitik anzukurbeln und mehr aus dem Euroraum zu importieren.

Spätestens seit dem Einsetzen der Schuldenkrise 2009 produzieren Pleitekandidaten aus der Eurozone Schlagzeilen: Die entsprechenden Ungleichgewichte sind nicht so sehr durch den Euro bedingt, sondern auf die mangelnde Konkurrenzfähigkeit von Ländern wie Griechenland, Portugal, Spanien und Italien zurückzuführen. Hier können Ungleichgewichte nicht über die (Einheits-)Währung, sondern nur über die Sanierung der öffentlichen Finanzen und die nachhaltige Verbesserung der Konkurrenzfähigkeit abgebaut werden. Doch beides ist, wenn überhaupt, auf absehbare Zeit nicht machbar.

Beim Abbau globaler Ungleichgewichte spielt China eine strategische Rolle. Das Land verfügt über einen hohen Überschuss im Handel, dominant mit den USA, und die weltgrössten Währungsreserven in Dollars. Es zeichnet sich nicht ab, dass sich dies entscheidend ändern könnte. Daran sind die USA alles andere als «unschuldig». Sie haben ihre Produktion in «Billigländer» wie China ausgelagert und verfügen immer weniger über konkurrenz- und exportfähige (Industrie-)Produkte. Das können die Amerikaner aber nicht über einen sich tendenziell abschwächenden Dollar kompensieren. Es ist daher nur verständlich, dass die USA Druck auf China ausüben, damit der Yuan aufgewertet wird. Doch die Chinesen antworten stereotyp, dass der Yuan nicht unterbewertet sei. Und weiter: Es sei schliesslich nicht ihr Problem, sondern das der anderen, vor allem der USA. Mit dieser Argumentation «kopieren» sie die Amerikaner. Diese erklären seit Jahrzehnten, die Schwäche des Dollars sei (ebenfalls) nicht ihr Problem, die anderen müssten eben damit zurechtkommen. Zugleich verkünden sie regelmässig, sie seien an einem starken Dollar interessiert, was in krassem Gegensatz zur Wirklichkeit steht. Doch was auch immer: In einer Studie über Currency Wars (Währungskriege) kam der «Bank Credit Analyst» im Dezember 2010 zu dem Schluss: Es gebe keinen überzeugenden Plan, wie man die globalen Ungleichgewichte abbauen oder gar beseitigen könne, ohne eine rasche und nachhaltige Aufwertung des Yuan. Zugleich wird keineswegs ausgeschlossen, dass es zwischen den USA und China zu einem Handelskrieg kommen könnte.

Es ist nur verständlich, dass der Ruf nach einer Reform des internationalen Währungsfonds ertönt. Im Herbst 2010 wurden auch der IWF und die G-20-Länder aktiv. Das erklärte Ziel ist eine einheitliche Strategie. Doch bisher sind solche Bemühungen erfolglos geblieben. Es war nicht möglich, die stark divergierenden Interessen vor allem zwischen Industrie- und Schwellenländern unter einen Hut zu bringen. Daran dürfte sich zumindest vorläufig kaum etwas ändern. Die Turbulenzen an den Devisenmärkten und die protektionistischen Tendenzen nehmen daher nicht ab, sondern weiter zu.

Dominierende Kapitalströme

Für (flexible) Wechselkurse sind entgegen einer traditionellen Sichtweise nicht jene Zahlungsströme verantwortlich, die vom (globalen) Aussenhandel mit Gütern und Diensten herstammen. Der alles überragende Faktor sind die marodierenden Kapitalströme. Sie bewegen sich dorthin, wo kurz- und mittelfristig höhere Gewinne winken. Ins Visier nimmt man unter anderem Währungen, Aktien und die entsprechenden Märkte, Anleihen, Unternehmen und Rohstoffvorkommen, von den Industrie- bis hin zu den Edelmetallen. Je enger solche Märkte sind, desto rascher kann man die Preise in die Höhe treiben. Winken hohe Gewinne, so steigt man – nicht selten überstürzt – aus. In einer Endphase kollabieren solche Märkte: Das Nachsehen haben die «Nachzügler», die (zu) spät eingestiegen sind und es verpasst haben, rechtzeitig auszusteigen. «Den letzten beissen die Hunde», heisst es. Die Gewinner, darunter Banken und Hedgefonds, setzen das (Spekulations-)Spiel anderswo fort. Man kann das als globalen Raubzug bezeichnen.

Die Dominanz der Kapitalströme ist nicht neu. Schon in den 1980er-Jahren wies der damalige EU-Kommissar darauf hin, dass die internationalen Investitionsströme das 25-Fache der grenzüberschreitenden Zahlungen für den Handel mit Gütern und Diensten ausmachten. Im Jahre 2009 war dieses Verhältnis viermal höher, eben das 100-Fache der Zahlungsströme. Dabei geht es nicht nur um Investitionen in Unternehmen und die Infrastruktur, sondern vor allen Dingen um Finanzinvestitionen. Gefördert wurde dieser Zusammenhang durch den raschen Anstieg der Währungsreserven, Interventionen zur Bekämpfung von Aufwertungen, Umschichtung von Reserven von der einen in die andere Währung, um den Wechselkurs und die Wettbewerbsfähigkeit zu beeinflussen. Doch damit nicht genug. Mit einer (globalen) Liberalisierung des Kapitalverkehrs wurde die oben geschilderte Spekulationspolitik, an realen Güter- und Dienstleistungsströmen vorbei, ermöglicht. Diese Politik hat nicht erst heute explosiven Charakter angenommen. Es erstaunt daher nicht, dass jene Länder, die der Spekulation ausgeliefert sind, dabei immer wieder unter die

Räder geraten, nach Schutzmassnahmen rufen und solche, zur Einschränkung des Kapitalverkehrs, auch ergreifen.

Flexible, nicht manipulierte Wechselkurse sind eine unverzichtbare Voraussetzung für den Abbau von globalen Ungleichgewichten. Doch davon ist man weit entfernt. Schuld daran ist nicht nur die Bindung des Yuan an den US-Dollar, sondern auch das Verhalten der USA. In dem Masse, wie sie mit ihrer ruinösen Geldmengen- und Schuldenpolitik die eigene Währung schwächen, wird der Yuan im Schlepptau nach unten gezogen. Das schadet dem globalen Ausgleichsmechanismus. Die Ungleichgewichte bleiben bestehen und könnten sich sogar noch vergrössern. Im Zuge des Vertrauensschwundes in den US-Dollar kam es zu anhaltenden Aufwertungen bei anderen Währungen, so unter anderem beim australischen und kanadischen Dollar, bei der dänischen, norwegischen und schwedischen Krone und beim Schweizer Franken. Im Trend hat sich sogar der Euro gegenüber dem Dollar aufgewertet. Der japanische Yen tendiert gegenüber dem Dollar schon seit Längerem nach oben, obwohl das kaum nachvollziehbar ist, denn Japan leidet seit über 20 Jahren an einer ausgeprägten Wachstumsschwäche und weist extrem hohe und wachsende Staatsschulden auf.

Global hat man es mit einem explosiven Mix von flexiblen und fixen Wechselkursen und ausgeprägten Manipulationen zu tun. Die Zukunft gehört offensichtlich nicht der Flexibilisierung der Wechselkurse und dem freien Kapitalverkehr. Der Trend weist in die andere Richtung. Doch das wird die Finanzindustrie kaum tatenlos über sich ergehen lassen. Zu erwarten sind eskalierende Handelskriege zulasten der weltwirtschaftlichen Entwicklung. Dabei besteht die akute Gefahr, dass der

US-Dollar sich beschleunigt abschwächt und seine Funktion als globale Leitwährung nicht mehr erfüllen kann. In einem solchen Szenario droht ein Währungschaos und davon ausgehend eine Finanzkrise unvorstellbaren Ausmasses.

7 Endzeit für den Dollar

Der Dollar hat eine bewegte Geschichte hinter sich, die man in groben Zügen kennen sollte, um Gegenwart und Zukunft beurteilen zu können. Diese Währung zeigt einen typischen Entwicklungsverlauf, den man auch von anderen Bereichen kennt, so bei Unternehmen, Branchen und Volkswirtschaften. Auf einen (langfristigen) Aufstieg folgt ein allmählicher Abstieg. Ohne fundamentale Revitalisierungen mündet der Abstieg in den Niedergang und schliesslich in den Untergang. Die spannende Frage lautet: Ist der Dollar in seiner Endphase angelangt? Und mit welchen Konsequenzen für die (Welt-) Wirtschaft ist das verbunden? Dabei geht es nicht um «Schwarzmalerei», sondern um eine nüchterne, historisch fundierte Analyse.

Der endgültige Aufstieg des Dollars als globale Leitwährung setzte nach dem Ersten Weltkrieg ein. Die USA lösten damals Grossbritannien als Weltmacht ab. London verlor die Rolle als Weltfinanzplatz an New York, genauer: an die Wall Street. Während Grossbritannien sich schon vor dem Ausbruch des Weltkrieges im Niedergang befunden hatte, wurde der Aufstieg der USA, der schon im 19. Jahrhundert rasche Fortschritte gemacht hatte, nun beschleunigt. Die Weltwirtschaft geriet zunehmend in den Sog der USA. Daher verwundert es nicht weiter, dass der Dollar im 20. Jahrhundert einen nachhaltigen Auftrieb und eine rasche geografische Ausbreitung erlebte.

Bretton Woods

Nach dem Ersten Weltkrieg und der Zwischenkriegszeit wurde der Zweite Weltkrieg zu einer entscheidenden Wegmarke im Aufstieg der USA zur Weltmacht. Deutschland und Japan schieden als Kriegsverlierer aus, Grossbritannien setzte seinen wirtschaftlichen (und politischen) Niedergang fort. Die Amerikaner entwarfen während des Zweiten Weltkrieges ein Programm, wie die Nachkriegszeit, selbstverständlich nach ihren Vorstellungen, zu gestalten sei. Im Jahre 1941 wurde die Atlantik-Charta, das politische Programm der Alliierten, verabschiedet und auch veröffentlicht. Es deckte sich im Wesentlichen mit dem Programm der sozialen Sicherheit, das in der Weltwirtschaftskrise unter Präsident Roosevelt entwickelt und in den USA über weite Strecken bereits umgesetzt worden war. Von historischer Bedeutung ist das Bretton-Woods-Abkommen vom 23. Juli 1944. Daran beteiligten sich 44 Länder. Sie beschlossen ein neues Weltwährungssystem mit fixen Wechselkursen und die globale Dominanz des Dollars als Weltwährung. Die USA versprachen, den Dollar jederzeit gegen (physisches) Gold einzutauschen, allerdings nicht mit voller, sondern nur partieller (Gold-)Deckung. Das verlieh dem Dollar zusätzliche «Vertrauenswürdigkeit». Im Jahre 1944 wurde ferner beschlossen, den Internationalen Währungsfonds (IWF) und die Weltbank zu gründen, beide mit Sitz in den USA. Das erklärte Ziel beider Institutionen war und ist die Stabilisierung des internationalen Zahlungsverkehrs. Auch das nicht zuletzt zur Stärkung des Dollars.

Solange fixe Wechselkurse galten und die Golddeckung existierte, erwies sich der Dollar als starke Leitwährung der globalen Wirtschaft. In dieser Zeit gab es für ihn keine ernst zu nehmende Konkurrenz von seiten anderer Währungen. Ausländische Zentralbanken konnten problemlos ihre Dollars gegen Gold eintauschen. Das Gold wurde entweder «gutgeschrieben» und/oder physisch geliefert. Aber: Es wurde in den USA aufbewahrt. Eine effektive Kontrolle gab es allerdings nicht, man vertraute einfach den Amerikanern. Doch das änderte sich, als Frankreich unter Präsident Charles de Gaulle gegen Ende der 1960er-Jahre dazu überging, Dollars in die USA zu schicken und zugleich auf die Auslieferung des Goldes nach Frankreich zu bestehen. Als auch andere Staaten dazu neigten, dem französischen Beispiel zu folgen, bekamen die Amerikaner kalte Füsse. Offensichtlich verfügten sie nicht über ausreichende Goldbestände. Entweder konnten oder wollten sie ihren Verpflichtungen nicht nachkommen. 1971 hob Präsident Nixon schliesslich die Golddeckung des Dollars einfach auf. Der Dollar verkam im Zuge dessen zu einer reinen Papierwährung. Das Nachsehen hatten all jene, die im Ausland auf hohen Dollarpositionen sassen, ohne die Aussicht, jemals Gold dafür zu erhalten. Doch das kümmerte die Amerikaner nicht: Es war nicht ihr Problem, sondern wieder einmal das Problem der anderen.

Doch damit nicht genug: 1973 brach das Bretton-Woods-System in sich zusammen. Die USA entschieden sich im Alleingang für flexible, freie Wechselkurse. Das war der Auftakt zu langfristigen, säkularen Problemen im globalen Währungssystem und in der (Welt-)Wirtschaft, die nicht nur andauern, sondern sich im Laufe der Jahre noch verschlimmert haben. Vor der Freigabe der Wechselkurse hatte die Spekulation unter anderem mit Aktien, Immobilien, Rohstoffen aller Art und sogar mit Öltankern einen Höhepunkt erreicht. Begünstigt wurde diese Entwicklung nicht zuletzt durch eine Überflutung des Marktes durch Euro-Dollars, die mit einer Ausweitung der Geldmenge einherging. Inflation und steigende Zinsen stürzten die USA 1974/75 in eine schwere Krise, die auf die Weltwirtschaft übergriff. Diese Krise dauerte zunächst bis 1982/83 an, bevor es wieder aufwärtsging. Während dieser schwierigen Zeit kam es zu einem nachhaltigen Vertrauensverlust gegenüber den USA und der amerikanischen Währung.

Der Dollar befindet sich seit der Aufhebung der Golddeckung 1971 und der Freigabe des Wechselkurses 1973 gegenüber einer Reihe solider Währungen langfristig auf Talfahrt. So unter anderem früher gegenüber der D-Mark, ab 2000 sogar gegenüber dem Euro, dem japanischen Yen, skandinavischen Währungen und dem Schweizer Franken. Letzterem gegenüber ist der Dollar von (rund) 4,50 auf 0,90 Franken im Frühjahr 2011 gefallen, er hat sich also gefünftelt.

Dollar-Zyklen

Der Abwärtstrend der amerikanischen Währung zeichnet sich durch Einbrüche und Erholungen aus, er vollzieht sich in Zyklen von etwa fünf bis sechs Jahren. Von 1971 bis 1979 kam es zu einem massiven Einbruch. Gegenüber dem Schweizer Franken hat sich der Dollar in dieser Zeit mehr als gedrittelt. Von 1980 bis 1984 ging es kräftig aufwärts. Das hatte verschiedene

Gründe. Zum einen war der Aufwärtstrend dem Fed-Chef Paul Volker zu verdanken. Er straffte die Geldpolitik und konnte so die Inflation zwischen 1980 und 1983 von 14 auf 3 Prozent drücken. Das Vertrauen in den Dollar kam auch mit der Wahl von Ronald Reagan zum US-Präsidenten zurück. Die Wirtschaft wurde zudem mit einer durchgreifenden Liberalisierung der (produzierenden) Wirtschaft revitalisiert. Ab 1983 setzte ein langfristiger Aufschwung im Kondratieff-Zyklus ein.

Der erneute, kräftige Einbruch des Dollars zwischen 1985 und 1989 hatte verschiedene Gründe. Eine abrupte Liberalisierung der Sparkassen (S & L) führte schon ab 1986 zu einer schweren, einer existenziellen Krise bei diesen Geldinstituten. Hunderte von Sparkassen gingen pleite. Diejenigen, die noch zu retten waren, erhielten Staatshilfe, was sich zumindest in den Anfängen als sehr kostspielig erwies. Zwischen 1983 und 1987 grassierte die Spekulation an den Aktienmärkten und im Immobiliensektor. Der Crash vom Oktober 1987 an der Wall Street setzte den Dollar weiter unter Druck. Gegen Ende der 1980er-Jahre zeichnete sich eine Abschwächung der konjunkturellen Entwicklung ab. Was damals befürchtet wurde, trat im Herbst 1990 tatsächlich ein: Eine kurze Rezession, die nur bis zum Frühjahr 1991 andauerte.

Danach setzten die «goldenen 1990er-Jahre» in den USA ein. Getrieben durch eine technologische Revolution, allen voran der Informationstechnologie, kam es zu einem nachhaltigen und raschen Wirtschaftswachstum. Die Defizite im öffentlichen (Bundes-)Haushalt bildeten sich ausserdem rasch zurück. Es kam gegen Ende der 1990er-Jahre sogar zu Überschüssen und einem Abbau von Schulden. Zwischen 1990 und

1994 vollzog sich mit Schwankungen eine Bodenbildung beim
Dollar. Danach ging es mit der US-Währung zwischen 1995
und 1999 kräftig aufwärts. Aber im Jahr 2000 platzte die Tech-
nologie- bzw. Internetblase. Es kam zu einem Crash in Raten
bis zum Frühjahr 2003. Im Rezessionsjahr 2001 ereignete sich
am 11. September der Anschlag auf das World Trade Center
in New York. Das schadete dem Dollar (noch) nicht, er ver-
harrte in einer «oberen Verteilungsphase». Ab 2003 ging es aber
erneut nach unten, auf historische Tiefstwerte im Jahre 2011.
Das überraschte insofern, als die Aktien- und Immobilien-
märkte bis 2006/07 haussierten. Danach war es nur verständlich, dass der Dollar mit der 2007 einsetzenden Finanzkrise
und der ab 2009 folgenden Schuldenkrise sich weiter und anhaltend abschwächte.

Ersatz für den Dollar

In den letzten Jahren wurde intensiv darüber spekuliert, ob
und wie man den Dollar als globale (Leit-)Währung ablösen
könnte. Der Versuch der Emirate am Persischen Golf, Erdöl in
Euro zu handeln, scheiterte kläglich. Mehr Beachtung fand der
Vorschlag, den Dollar durch einen Währungskorb zu ersetzen,
der aus dem Euro, dem japanischen Yen und dem chinesischen
Yuan bestehen sollte. Die Chancen für eine solche Komposi-
tion tendieren gegen null, denn es wäre sozusagen eine synthe-
tische Währung. Divergierende Interessen haben des Weiteren
zur Folge, dass man sich kaum auf die Zusammensetzung, die
Gewichtung der einzelnen Währungen, einigen dürfte. In Südostasien liebäugelt man mit einer Kombination aus Yuan und
Yen. Es ist kaum voreilig, wenn man von Sandkastenspielen

spricht. Nicht zuletzt dürften die historischen «Animositäten» zwischen Japan und China eine solche (monetäre) Kooperation verhindern. Nicht auszuschliessen ist allerdings, dass der Euro in Europa, der Yuan und der Yen, beide im Alleingang, den Dollar allmählich verdrängen könnten. So wäre es etwa in Bezug auf den Handel mit Erdöl, Erdgas, Kohle und anderen Rohstoffen denkbar, die jeweils aus diesen Erdregionen stammen.

Darüber hinaus ist es reines Wunschdenken, davon auszugehen, der Dollar werde auf absehbare Zeit seine Spitzenposition als globale Leitwährung verlieren. Der Euro verfügt zwar über einen gewichtigen Anteil an den Weltwährungsreserven. Es dürfte aber schwierig sein, über ein Drittel hinaus zu gelangen, denn inzwischen ist auch der Euro aufgrund der europäischen Schuldenkrise – mit ungewissem Ausgang – angeschlagen. In Bezug auf den Dollar ist Folgendes nicht zu vernachlässigen: Die USA sind die einzige global operierende (Welt-)Macht. Ihr Anteil am Welt-BIP beläuft sich auf nahezu ein Viertel. Das ist in etwa so viel wie die Leistung von China, Japan und Deutschland zusammengenommen. Die USA und New York dominieren mit entscheidendem Vorsprung die globalen Finanzmärkte. Die New York Stock Exchange (NYSE) ist die globale Leitbörse, die NASDAQ ist für den Handel mit Technologie-Aktien massgebend. Es kommt hinzu, dass alle Rohstoffe (Commodities) unter Einschluss der Agrarprodukte (Soft Commodities) in Dollar gehandelt werden. Die entsprechenden Märkte sind dominant in New York und Chicago (CBOE) angesiedelt.

Der Dollar bleibt uns zwar erhalten, die Frage ist aber: Wie sieht es mittel- und langfristig aus? Aus zyklischer Sicht ist heute eine Wende nach oben nicht auszuschliessen, denn nach einer Abwärtsbewegung von 2002 bis 2008 kam es zu einer Seitwärtsbewegung und einer Bodenbildung. Letztere kann man am Drei-Jahres-Chart des US-Dollar-Indexes ablesen. Gemäss der Publikation «Gold & Money Intelligence» (Ausgabe vom Februar/März 2011) sollte es in den «kommenden Monaten» zu einer Trendwende nach oben kommen, also bis zum Sommer 2011. Das würde mit schwächeren Rohstoffpreisen und entsprechend schwächeren Rohstoffwährungen, wie beispielsweise dem australischen und dem kanadischen Dollar, zusammenfallen. Gleichzeitig müsste es zu einem Rückfluss von Kapital aus Schwellenländern zurück in die USA kommen. Eine weitere Bedingung wäre das Auslaufen des Quantitive Easing per Ende des zweiten Quartals 2011. Die amerikanische Notenpresse müsste aufhören, Dollars am laufenden Band zu produzieren. Das Fed müsste schliesslich den Ankauf von US-Staatsanleihen und «Schrottpapieren» aus der Finanzindustrie aussetzen.

Der Schulden-Super-Zyklus

Eine Kehrtwende in der Politik niedriger Zinsen, der Schuldenwirtschaft und der Überflutung mit Dollars durch das Fed hätte weitreichende Konsequenzen. Steigende Zinsen bringen unter anderen Banken, hoch verschuldete Unternehmen ausserhalb der Finanzindustrie und Hypothekarschuldner unter nachhaltigen Druck. Der Staat müsste mehr Zinsen für seine Schulden zahlen, was die Schuldenkrise verstärken würde. Würde der Staat Ausgaben senken, um Defizite zu bekämpfen, und noch die Steuern erhöhen, so käme es zu einem gravierenden Nachfrageausfall. Das würde wiederum die konjunkturelle Erholung gefährden oder gar zum Stillstand bringen. Das Ergebnis wäre die nächste Rezession. Doch ein «double dip» ist alles andere als erwünscht. Es mag paradox erscheinen, doch weder die öffentliche Hand noch das Fed können es sich leisten, ihre (expansive) Politik kurz- und mittelfristig zu ändern.

In Bezug auf die langfristige Entwicklung von Wirtschaft und Dollar ist der «Schulden-Super-Zyklus» (Debt Supercycle) zu beachten. Dazu gibt es eine aufschlussreiche Analyse des «Bank Credit Analyst» im Outlook 2011 (Januar 2011). Nach dem Zweiten Weltkrieg wurde die ökonomische Entwicklung regelmässig durch einen Aufbau von Schulden (Leaverage) forciert. Damit gelang es, die konjunkturellen Zyklen zu glätten und eine Depression zu vermeiden, wenn man von den 1970er-Jahren einmal absieht. «Aufblähungen» konnten aber während Rezessionen nicht auf das frühere Niveau abgebaut werden. Tendenziell blieb der Supercycle erhalten. Die «Aufblähungen» stiessen in jedem Zyklus in neue Dimensionen vor. Die treibende Kraft war der auf Pump finanzierte Konsum, insbesondere ab den 1980er-Jahren. Der private Konsum beläuft sich heute in den USA auf rund 70 Prozent der gesamtwirtschaftlichen Nachfrage (BIP). Danach folgt die staatliche Finanzpolitik, die stets bemüht war, expansiv zu sein, um Rezessionen zu bekämpfen, Deflation zu vermeiden.

Seit dem Einsetzen der Finanzkrise 2007/08 ist es nicht mehr gelungen, die Konsumenten zu veranlassen, sich im traditionellen Tempo zu verschulden. Im Verein mit der Immobilienkrise ist ihnen sozusagen die Puste ausgegangen. Damit fällt der private Konsum als treibende Kraft der wirtschaftlichen Entwicklung zumindest weitgehend aus. Aus diesem Grund sah sich der Staat gezwungen, selbst in die Bresche zu springen, um ein Einbrechen der Wirtschaft über eine kurze Rezession hinaus zu verhindern. Das Fazit: Der Staat wird zusammen mit dem Fed alles unternehmen, um die gesamtwirtschaftliche Nachfrage via eine forcierte Verschuldung, auch mit der Notenpresse, expandieren zu lassen. Die Eskalation der Schulden wird weitergehen (müssen), um eine Deflation oder gar Depression möglichst (lange) zu vermeiden. Es versteht sich von selbst: Das kann das Vertrauen in den Dollar nur massiv schwächen und über kurz oder lang zu einer Dollarkrise führen.

Divergierende Meinungen

Zur zukünftigen Entwicklung des Dollars kursierten im Frühjahr 2011 sehr unterschiedliche Einschätzungen. Ab Anfang des Jahres ging wie ein Lauffeuer ein «Horror-Szenario» («Swissmaster», Nr. 7, März 2011) durch die Medien. Für 2012 wurde eine Krise in der Finanzierung von Pensionen, der Kollaps bei den kommerziellen Immobilien und eine Währungskrise prognostiziert. Doch damit nicht genug: Im Jahre 2013 soll es zu einer Umschuldung der US-Staatsschulden und zu einem Bretton Woods II kommen. Dies läuft schon heute unter der Bezeichnung «Obama New Deal». Man ist offenbar sicher, dass Präsident Obama wiedergewählt wird. Sonst müssten diese Reformen vom neuen Präsidenten beschlossen und umgesetzt werden. Zwar darf man ein solches Szenario nicht für ausgeschlossen halten, aber die Wahrscheinlichkeit seines Eintreffens schon 2012/13 dürfte nicht allzu hoch liegen. Staat und Fed verfügen (zusammen) über ausreichende Möglichkeiten, ein solches Desaster kurz- und mittelfristig abzuwenden, indem unbeschränkt Liquidität bereitgestellt und/oder direkt interveniert wird, um Pleiten (mit einer Kettenreaktion) zu verhindern. Zwar können fundamentale Probleme dadurch nicht gelöst, aber (nochmals) in die Zukunft verschoben werden. Aber sicher nicht für lange.

In diese Richtung weist auch eine Analyse des «Bank Credit Analyst» vom Dezember 2010: Trotz alarmierender Kommentare gebe es nur eine «little Chance of a Dollar Crises». Man lese und staune: Eine Dollarkrise sei sehr unwahrscheinlich, und diese Prognose gelte bis 2020, demnach für das ganze (angelaufene) Jahrzehnt. Die dafür erforderlichen Bedingungen sind allerdings nicht gegeben. Die US-Inflation soll niedrig und die Kaufkraft des Dollars erhalten bleiben. Dann ist es unwahrscheinlich, dass das Ausland sich (abrupt) vom US-Dollar trennt und diese Währung in grossem Stil auf den Markt wirft. Ein zentrales Argument zu gunsten des Dollars ist: Die USA beziehen mehr Einkommen aus ihren ausländischen Investitionen, als sie benötigen, um ihren Verpflichtungen im Ausland nachzukommen.

Immerhin sieht der BCA ein Problem: Die Verpflichtungen gegenüber dem Ausland bestehen vor allem aus Staatspapieren (Treasuries) mit kurzer Laufzeit. Beginnen die ausländischen Investoren, an der Zahlungsfähigkeit des amerikanischen Staates zu zweifeln, so besteht akute Gefahr, dass die USA in eine Finanzierungskrise «griechischen Typs» geraten. Aber auch in dieser Beziehung ist der «Bank Credit Analyst» optimistisch: Es sei noch zu früh, davon auszugehen, dass dieser (schlimmste) Fall eintreten könnte. Der Hinweis, die Amerikaner hätten seit dem Beginn der Rezession (Ende 2007) mehr gespart, ist zwar richtig, aber die Rezession ging bereits Mitte 2009 zu Ende.

Währungsreform in Sicht

Nicht nur ausserhalb, sondern auch innerhalb der USA misstraut man zunehmend dem Dollar. Aufsehen erregte im März 2011 ein parlamentarischer Beschluss im «Mormonenstaat» Utah, Gold- und Silbermünzen als gesetzliches Zahlungsmittel einzuführen. Damit soll Druck auf die US-Bundesregierung ausgeübt werden, die Inflationierung des Dollars aufzugeben und zu einer restriktiven «Dollar-Produktion» überzugehen. Diesem Beispiel wollen weitere Bundesstaaten folgen, so beispielsweise South Carolina. Einige Republikaner, zum Beispiel ein gewisser Mr. Pitts, fordern sogar die Abschaffung des Dollars als gesetzliches Zahlungsmittel. Das zentrale Argument lautet: Setzt die Regierung ihre (exzessive) Schuldenpolitik fort, so wird die US-Wirtschaft kollabieren. Für diesen Fall will man vorsorgen, indem man Gold- und Silbermünzen anstelle des Dollars setzt. Das klingt nach einer «Sezession» zumindest im Währungssektor. Solche Vorstellungen sind zwar symptomatisch für die «geistige Verfassung» in amerikanischen Bundesstaaten, aber die Chancen solcher Reformen tendieren, über Einzelfälle hinaus, gegen null. Bundesregierung (und Fed) werden die Abschaffung des Dollars als gesetzliches Zahlungsmittel nicht zulassen.

Auftrieb gab es im März 2011 auch bei den Bemühungen, den «Goldstandard», die partielle Golddeckung des Dollars, wieder einzuführen, die 1971 abgeschafft worden war. Das ist wohl als Antwort auf die Bestrebungen der eben erwähnten (und anderer) US-Bundesstaaten zu verstehen. Die USA verfügen aber nicht über ausreichende Goldreserven, um eine volle Golddeckung des Dollars einzuführen («Sunday-Market»,

3. April 2011). Die Goldreserven belaufen sich lediglich auf 8133 Tonnen. Bei einem Preis von 1400 Dollar je Unze, müsste man auf 22 100 Tonnen zurückgreifen können. Um das Ziel der vollen Golddeckung zu erreichen, müsste sich der Unzenpreis verdreifachen, demnach auf 4200 Dollar die Unze steigen. Das liegt beim Gold zumindest vorläufig ausser Reichweite. Realistischerweise ist nicht von einer auch nur partiellen Golddeckung des Dollars, der Renaissance des «Goldstandards», auszugehen.

Die alles entscheidende Frage lautet: Wie lange können die USA ihre ruinöse Schuldenpolitik fortsetzen? Oder anders gefragt: Ist in absehbarer Zeit ein Staatsbankrott zu erwarten? Jene, die vom nahenden Staatsbankrott ausgehen, sind nicht ausreichend informiert. Die USA sind ausschliesslich in eigener Währung (USD) verschuldet. Das Land kann daher von niemandem gezwungen werden, die Zahlungsunfähigkeit zu erklären. Man wird auch künftig Dollars drucken und in Umlauf setzen, wenn dafür dringend Bedarf besteht. Kaufen andere Staaten nicht im gewünschten Ausmass US-Anleihen, so springt die Zentralbank (Fed) ein. So gesehen gibt es für die USA keine Finanzierungsgrenzen, das Land kann demnach den Staatsbankrott selbst vermeiden. Tangiert ist aber der Dollar. In dem Masse, wie er weiter vermehrt und mengenmässig aufgebläht wird, droht zunehmend die Gefahr, dass es zu einer Währungsreform kommt. Diese könnte durch eine Dollarkrise ausgelöst werden, die vom Ausland her kommt, indem Dollars ohne Rücksicht auf Rückwirkungen auf den Markt geworfen werden, sodass der Kurs kollabiert. Das könnte die USA veranlassen, sich über eine Währungsreform der (ausländischen) Schulden zu entledigen. Mit einem Währungsschnitt, zum

Beispiel ein neuer für zehn alte Dollar, wären auch die inländischen Schulden (nahezu) ausradiert. Einem Neuanfang stünde somit nichts mehr im Wege. In Bezug auf die ausländischen Schuldner, die dementsprechend verlieren würden, gilt in den USA traditionell – wie wir schon gesehen haben – das Motto: Das ist nicht unser Problem, sondern das Problem der anderen. Man wird daher keine besondere Rücksicht walten lassen, sollte sich eine Währungsreform für die USA als nützlich erweisen. Was den Zeitpunkt betrifft, so müsste dieser bei Fortsetzung der aktuellen Trends nicht schon 2013, aber vor 2020 liegen.

Doch was auch immer kommen mag: Man muss wachsam sein, um nicht von unerwarteten Ereignissen überrascht und auf dem falschen Fuss erwischt zu werden. Die Entwicklung des Dollars gilt es im Auge zu behalten. Es ist durchaus begründet, dass Gold & Money Intelligence (G & M) eine baldige Trendwende des Dollars nach oben hin erwartete. Der Armstrong-Zyklus könnte ab Juni 2011 einen unteren Wendepunkt erreichen. Das Economic Confidence Model bezieht sich auf die globalen Kapitalströme. Es weist 8,6-Jahreszyklen auf, die seit 1985 (relativ) zuverlässig verlaufen sind. Damit verbindet sich die Frage, ob der Zyklus erneut funktioniert, der Dollar ab Juni 2011 seine Talfahrt beendet und (wieder) nach oben dreht. Man ist gut beraten, das nicht auszuschliessen, sondern die Entwicklung sozusagen permanent zu verfolgen, um sich rechtzeitig und richtig zu positionieren.

Gestützt wurden die Annahmen von G & M vom «Elliott Wave Financial Forecast» (April 2011). Zwar war man hier schon im Laufe von 2010 bullish für den Dollar. Nun war man sich sicher: Der US-Dollar-Index stehe unmittelbar vor einer signifikaten Wende nach oben. Die Begründung lautete: Eine erdrückende Mehrheit der Experten gehe von einer fortgesetzten Dollarschwäche aus. Gemäss der gegenteiligen Meinung (Contrary Opinion) ist das Umgekehrte zu erwarten, nämlich dass der Dollar über einen längeren Zeitraum nach oben tendiere.

Eine (unerwartete) Aufwärtsbewegung würde das Vertrauen in den Dollar stärken. Das erleichtert unter anderem die Platzierung von US-Staatsanleihen am Markt im In- und Ausland. Entsprechend könnte das Fed sich zurückziehen, sich zumindest teilweise von der Notenpresse verabschieden. Doch ein erstarkender Dollar schadet der Exportfähigkeit und stimuliert die Importe. Das Handelsdefizit droht entsprechend zuzunehmen. Per saldo ist davon auszugehen, dass eine anhaltende Aufwertung des Dollars zwar zu einer zeitlichen Verschiebung, nicht aber zur Vermeidung einer Währungsreform führt. Es gilt erneut: Aufgeschoben ist nicht aufgehoben!

8 Die Zukunft des Euro

Ab Frühjahr 2010 ging die Angst vor der «Eurokrise» um. Auslöser war der (Quasi-)Staatsbankrott von Griechenland. Die EU und der IWF sprangen im letzten Moment ein, um die Pleite abzuwenden. Es folgten Irland und im März 2011 Portugal. Der Euro kam erst unter Druck, als gegen ihn von New York aus spekuliert wurde. Die Eurokrise wurde mit der finanziellen Lage von «maroden» Staaten der Eurozone gleichgesetzt. Es wurde übersehen, dass es hier einen entscheidenden Unterschied gab und weiterhin gibt. Der Euro ist eine «Rechnungseinheit», nicht aber das Schuldenproblem. Er muss nicht automatisch mit dem Bankrott von EU-Ländern, in und ausserhalb der Eurozone, untergehen. Um es auf den Punkt zu bringen: Die Bedrohung geht von der Schuldenkrise, nicht vom Euro aus.

Gegen den Euro wird, aus sehr unterschiedlichen Gründen, in Deutschland Stimmung gemacht. Die Gegner des Euro wittern Morgenluft: Es sei die Zeit gekommen, den Euro aufzugeben und zur Deutschen Mark zurückzukehren. In hoher Kadenz erscheinen «Sachbücher», die das unmittelbar bevorstehende Ende, sogar den Crash des Euro voraussagen. Doch damit nicht genug: Man prophezeit den Untergang der Währungsunion und der gesamten Europäischen Union. Ein – allerdings extremes – Beispiel ist das Buch von Michael Grandt,

Gerhard Spannbauer und Udo Ulfkotte mit dem Titel «Europa vor dem Crash», 2011 erschienen. Darin werden konkrete Daten genannt: Der 16. September 2011 sei der «Tag, an dem der Euro starb», nach einem Urteil des Bundesverfassungsgerichts in Karlsruhe. Dort wurde die Klage gegen den Euro-Rettungsschirm aber abgelehnt. Eine weitere Behauptung geht dahin, dass Bundeskanzlerin Angela Merkel nach den Bundestagswahlen vom 29. September 2013 dem versammelten Wahlvolk einen neuen 100-D-Mark-Schein präsentieren werde. Der Euro-Albtraum werde dann endgültig vorbei sein, die D-Mark endlich wieder da! Diese und andere, mit pseudo-fundierten Daten versehene Prognosen zum Untergang des Euro lesen sich wie Science-Fiction. Dahinter steckt nicht zuletzt eine tiefe Abneigung gegen den Euro bei einflussreichen Kreisen in Deutschland. Man sollte jedoch nicht voreilig auf die (nahende) Auslöschung der europäischen Gemeinschaftswährung setzen, denn es ist gefährlich, nach dem Motto zu agieren: «Der Wunsch war Vater des Gedankens.» Vielmehr ist eine ökonomisch und politisch fundierte Analyse von Entstehungsgeschichte, dem gegenwärtigen Zustand und zukünftigen Chancen des Euro unverzichtbar.

Vom Vorlauf ...

Die Währungsunion wurde von den EU-Regierungs- und Staatschefs im Dezember 1991 im holländischen Maastricht beschlossen. Zugleich einigte man sich darauf, den Euro spätestens bis zum 1. Januar 1999 einzuführen. Dieses Vorhaben war aber mit erheblichen bis schweren Hypotheken belastet. So verstösst es gegen eine altbewährte Regel, dass eine Einheitswährung erst eingeführt werden sollte, wenn ein (politisches) Stadium erreicht ist, in dem ein funktionsfähiger – europäischer – Mindeststaat vorliegt. Davon war die EU damals weit entfernt, man handelte also voreilig. Die Währungsunion wurde, nicht zuletzt unter französischem Druck, politisch verbindlich vorgegeben. Ökonomische Überlegungen spielten, wenn überhaupt, nur eine zweitrangige Rolle. Mit der Währungsunion wollte man die europäische Integration so präjudizieren, dass es kein Zurück mehr geben könnte. So gesehen handelt es sich um ein «Fait accompli», sozusagen eine «Zwangsgemeinschaft». Eine Terminverschiebung kam schon deshalb nicht infrage, weil das Jahr 1999 die letzte Gelegenheit war, die Währungsunion im 20. Jahrhundert zu vollbringen.

Vor dem Jahr 1999 wurde denn auch alles unternommen, um die Währungsunion möglich zu machen. Die Kriterien wurden so angesetzt, dass sie erreichbar erschienen: Der Anteil der Defizite am Bruttoinlandsprodukt (BIP) von 1998, nämlich drei Prozent, sollte das Mass sein. Um dieses Ziel nicht zu verfehlen, wurden alle erdenklichen (Buchhaltungs-)Tricks angewandt. So klappte es schliesslich. Die elf Mitglieder der Währungsunion kamen auf drei Prozent oder lagen sogar noch darunter. Einem fulminanten Start des Euro stand nichts mehr im Wege.

Da ein Mehrheitsbeschluss erforderlich war, nahm man auch Länder mit Schuldenquoten von weit mehr als 60 Prozent am BIP auf, zum Beispiel Italien. Diese mussten verbindlich zusagen, ihre Sparpolitik konsequent fortzusetzen. Man gab ihnen die Chance, sich sozusagen im Nachhinein für die Währungsunion zu qualifizieren. Zugleich wurden – formell – Sicherungen eingebaut. Wer die Kriterien künftig verletzen würde, der hatte mit massiven Bussen zu rechnen. Ob es je zu solchen Sanktionen kommen würde, blieb damals allerdings eine offene Frage.

Um den Deutschen den Abschied von ihrer D-Mark ausgerechnet zum 50-Jahr-Jubiläum zu erleichtern, wurde man nicht müde zu versichern: Der Euro werde so stark wie die D-Mark sein. Dabei wurde der Spitzenwert (deutsche Währung) mit dem Durchschnitt (Euro) verwechselt. Der Euro ist nämlich ein «Währungskorb» von elf (sehr) unterschiedlichen Währungen. Er sollte daher nicht imstande sein, mit der D-Mark mitzuhalten. Das Jahr 1998 war zudem nichts anderes als eine Momentaufnahme. Zu berücksichtigen waren auch die tatsächlichen und potenziellen Divergenzen zwischen den einzelnen Mitgliedern der Währungsunion. Dabei ging es nicht nur um die öffentlichen Schulden und die jährlichen Defizite, sondern auch um die Verschuldung von privaten Haushalten und Unternehmen. Dazu kamen die «Quasistaatsschulden», die langfristigen Finanzierungslücken der Sozialversicherungen. Die öffentlichen Schulden waren schon damals nur die berühmte Spitze des Eisbergs. Darüber hinaus wären auch die eklatanten Unterschiede in Bezug auf die (öffentliche) Infrastruktur, die Qualität von Arbeitskräften und Managern, die Innovations- und Wettbewerbskraft sowie die gesamtwirtschaftlichen Rahmenbedingungen zu berücksichtigen. Das alles machte aus dem Euro eine Währung, die mit der D-Mark nicht hätte konkurrieren können, wenn diese beibehalten worden wäre.

Und nicht zuletzt ist festzuhalten: Um die Deutschen zu beruhigen, wurde zumindest formal alles unternommen, um die Unabhängigkeit der Europäischen Zentralbank (EZB) zu sichern und diese in Frankfurt am Main anzusiedeln. Damit wurde der Eindruck erweckt, die EZB werde der Deutschen Bundesbank in nichts nachstehen. Man nehme sozusagen einen Abtausch vor, und im Grunde genommen ändere sich gar nichts.

Die EZB ist kein zentralistisches (autonomes), sondern ein föderalistisches Gebilde. Im (damals) 17-köpfigen Rat hielten die elf Präsidenten der nationalen Zentralbanken die Mehrheit. Sie konnten zusammen die sechs Mitglieder des Direktoriums stets überstimmen. Massgebend war und ist die einfache Mehrheit, jedes Mitglied hat nur eine Stimme. Die Präsidenten der nationalen Zentralbanken werden durch die jeweiligen Regierungen bestimmt. Diese werden wohl jenen Kandidaten den Vorzug geben, die ihren Absichten am ehesten entsprechen. Die Quintessenz ist die folgende: Damals wurde der Grundstein für die Verfolgung politischer Ziele, über die «Geldwertstabilität» hinaus, gelegt.

... zur Erfolgsgeschichte

Allen Unkenrufen zum Trotz war der Euro in den ersten zehn Jahren seines Bestehens bis Ende 2008 «per saldo eine Erfolgsgeschichte», so Ernst Baltensperger in der «Neuen Zürcher Zeitung» am 27./28. Dezember 2008. Die Einführung des Euro verlief problemlos, denn sie war technisch ausgezeichnet vorbereitet und wurde von einem geschickten Marketing begleitet. Der Markt reagierte zumindest anfänglich positiv auf den Euro. Es herrschte damals sogar eine gewisse Euphorie. Ausschlaggebend für die positive Aufnahme des Euro war wohl das Vertrauen, das man der Europäischen Zentralbank entgegenbrachte. Man war überzeugt, sie werde sich als «Hüterin der Währung» bewähren.

Ein aussagekräftiger Indikator für das Vertrauen in den Euro ist nicht zuletzt seine Entwicklung gegenüber dem US-Dollar. Nach einem anfänglichen Auf und Ab ging es seit 2002 mit dem Euro aufwärts, namentlich von 0,86 auf 1,36 Punkte. Diese kräftige Aufwertung des Euro dürfte in einem nicht näher bestimmbaren Ausmass aber auch auf die Schwäche des US-Dollars zurückzuführen sein. Zu einer ersten Euroschwäche kam es 2005. Der Euro fiel binnen eines Jahres von 1,36 auf 1,16. In Deutschland befürchtete man eine Eurokrise. Im Nachrichtenmagazin «Stern» (23/2005) war zu lesen: «Die gemeinsame Währung schadet Deutschland und spaltet Europa. Der Euro beschert uns hohe Preise und vernichtet Jobs.» Umfragen ergaben, dass die Mehrheit der Deutschen die D-Mark wiederhaben wollte. Das veranlasste den «Stern» zur Vermutung: «Eine Rückkehr zur Mark wäre technisch gar nicht so schwierig.» Die «Frankfurter Allgemeine Sonntagszeitung» vom 5. Juni 2005 schrieb: «Jetzt ist vom Ausstieg aus der Währungsunion die Rede. Juristisch ist das zwar nicht vorgesehen, politisch ist es aber machbar.»

Die heftige Kritik am Euro ebbte in Deutschland gegen Ende 2005 allerdings wieder ab, denn der Euro setzte damals zu einem Höhenflug gegenüber dem Dollar an. Bis Mitte 2008 stieg er auf 1,60. Das lag nicht zuletzt an der in den USA sich abzeichnenden Immobilienkrise (siehe S. 11 ff.). Das alte Hoch von 1,36 wurde 2007 überschritten, als in den USA die Finanzkrise ausbrach und sich rasant verschärfte (siehe S. 17 ff.). Als die Finanzmisere auf Europa übergriff, brach der Euro noch im Jahr 2008 auf 1,24 ein. Die US-Rezession hatte Europa erreicht. Am meisten gerieten hier die wettbewerbsschwachen EU-Länder, so Griechenland, Portugal und Spanien, unter Druck.

Doch 2009 erholte sich der Euro auf 1,52 Dollar. Mitgeholfen hat wohl das Ende der Rezession (auch) in den dominierenden EU-Ländern, allen voran in Deutschland. Hier kam es zu einer geradezu spektakulären konjunkturellen Erholung, was dem Euro zweifellos kräftig geholfen hat. Trotzdem ging es mit ihm erneut von Ende 2009 bis im Frühjahr 2010 nach unten, auf (rund) 1,20 Dollar. Entscheidend dafür war die Spekulation gegen den Euro, die aus den USA kam. Schon zuvor hatte ein möglicher Staatsbankrott, von Griechenland ausgehend, für Schlagzeilen gesorgt (siehe S. 27 ff.). Doch das änderte sich abrupt, als die EU und der IWF im April 2010 Griechenland zu Hilfe eilten, um dort den Staatsbankrott abzuwenden. Danach kehrte das Vertrauen in den Euro zurück. Er stieg bis Ende April 2011 auf 1,50 US-Dollar. Der Abwärtstrend seit 2008 wurde gebrochen, nach oben durchstossen. Das ist ein Indikator dafür, dass die Devisenmärkte die Lage in den USA schlechter einschätzen als jene in den EU-Ländern.

Fundamentale Probleme vernachlässigt

Die EU ist im Allgemeinen und die Wirtschaftsunion im Besonderen auf Konvergenz, nicht Divergenz angelegt. So war es auch im Vorfeld der Währungsunion – und danach – unter anderem bezüglich Zinsen, Inflations(-raten), Schulden und Defizite einzelner Länder. Eine Angleichung strebte man auch hinsichtlich der Wohlstandsunterschiede an. Im Extremfall laufen diese Bemühungen nicht nur auf harmonisierte, sondern einheitliche Standortbedingungen hinaus. Doch schon in den 1990er-Jahren war nicht zu übersehen: In der EU werden sich Divergenzen durchsetzen und zu Spannungen aller Art führen.

Die Renditen (Zinsen) von Staats- und anderen Anleihen konnten nur auseinanderdriften, denn die Bonität einzelner Schuldner (z. B. Portugal und die Niederlande) war (und ist) nicht dieselbe. Das Auseinanderdriften wird auch die Inflationsraten betreffen. Die Lebenshaltungskosten entwickelten sich z. B. in Griechenland und Belgien nicht gleichmässig. Auch die Defizite der öffentlichen Haushalte konnten nur auseinandergehen, da die Finanzlage einzelner EU-Länder sich von derjenigen anderer Länder in jeder Beziehung unterschieden. Es war vorauszusehen, dass es «weisse» und «schwarze» Raben geben würde. Nicht alle würden sich an die Vorgaben der Währungsunion halten. Daher konnten auch die Schuldenquoten nicht konvergieren, sich auf 60 Prozent des BIP einpendeln. Man konnte davon ausgehen, dass die meisten Schuldenquoten mittel- und langfristig expandieren und die Währungsunion davor zurückschrecken würden, die erforderlichen Sanktionen zu ergreifen. Zudem war es in einem solchen Klima unvorstellbar, dass ein Land aus der Währungsunion ausgeschlossen werden könnte.

Optimistisch ging man davon aus, dass sich die Wohlstandsunterschiede allmählich vermindern würden, wenn man nur die Marktkräfte spielen liesse. In diesem Fall könnte man sogar auf die Harmonisierung oder gar Vereinheitlichung der Standortbedingungen verzichten. Zurückbleibende Regionen könnten von niedrigen Produktionskosten profitieren und überdurchschnittlich wachsen. Erliegt man aber der Versuchung, Wohlstandsunterschiede über Zahlungen aus der EU-Kasse (Finanzausgleich) anzugleichen, so löst man einen verhängnisvollen Mechanismus aus: Die Nutzniesser haben keinen dringenden Anlass mehr, sich anzustrengen. Sie ziehen es vor, vom Finanzausgleich zu leben, und dieser wird sogar auf Dauer als wohlerworbenes Recht angesehen. Dementsprechend erklingt der Ruf nach Verstärkung des Finanzausgleichs lauter.

Der Wegfall der Wechselkurse als Instrument zum Ausgleich fehlender Wettbewerbsfähigkeit wirkt sich ebenfalls differenzierend auf die Entwicklung des Wohlstands in den einzelnen Ländern der Währungsunion aus. Der Euro war damals ein Durchschnitt von elf Währungen. Wer zuvor über eine starke Währung verfügt hatte, z. B. Deutschland, hatte nun eine schwächere Währung und konnte vom Euro (im Export) profitieren. Jene, die vor der Währungsunion über eine schwache Währung verfügt hatten, z. B. Italien, sahen sich nun mit einer stärkeren Währung konfrontiert, was ein Nachteil war (und ist). Mit der Währungsunion wurden die Wachstumschancen währungsmässig neu verteilt. Es war abzusehen, dass die Wohlstandsunterschiede nicht ab-, sondern zunehmen werden. Auch das ruft nach einem supranationalen Finanzausgleich.

Nach der Einführung des Euro kam es schon vor der Finanz- und Schuldenkrise zu gravierenden Fehlentwicklungen, nicht zuletzt in jenen Ländern, die inzwischen von der EU und dem IWF vor der Pleite gerettet wurden. Aber auch darüber hinaus sieht es ähnlich aus, so trieb zum Beispiel Spanien 2011 auf den Staatsbankrott zu. Länder mit schwachen (nationalen) Währungen, so an der Südflanke der EU, zeichneten sich durch hohe Zinsen aus, die markant höher lagen als in Ländern mit einer starken Währung (z. B. Deutschland). Als der Euro übernommen wurde, bewegten sich die (Euro-)Zinsen rasch nach unten. Das wirkte sich wie ein Motor auf die Entwicklung zentraler Bereiche der Wirtschaft aus, allerdings je nach Land mit unterschiedlicher Kraft. Hier geht es um die Grundtendenz, die sich anhaltend durchsetzte und schliesslich in die Schuldenkrise führte.

Einen kräftigen, nachhaltigen Schub nach oben erhielt die Verschuldung der privaten Haushalte. Der Konsum auf «Pump» wurde durch ungewohnt sinkende und (rekord-)tiefe Eurozinsen angeheizt. Mit dem Euro kam in breiten Schichten das Gefühl auf, man sei endlich im Schlaraffenland angekommen. Die niedrigen Zinsen veranlassten im Verein mit reichlich Liquidität zunehmend dazu, in Immobilien zu investieren, zunächst für den Eigenbedarf, danach in Mietobjekte und schliesslich als Spekulation, mit der Hoffnung auf einen raschen Gewinn. Entsprechend schoss die Verschuldung der privaten Haushalte in die Höhe. Waren zuvor die USA und Grossbritannien für eine hohe Verschuldung der Konsumenten bekannt, so kamen nun eine Reihe europäischer Länder dazu: Ein extremes Beispiel ist Spanien mit einer Verschuldung der Konsumenten von 170 Prozent am BIP im Jahre 2010 (so zu lesen in der «Finanzwoche» am 20. April 2011). Das ist rund das Dreifache der dortigen Staatsschulden. Hier und anderswo tickt eine Zeitbombe, denn ziehen die Eurozinsen anhaltend an, so kann ein Desaster bei den privaten Haushalten, vor allem im Hypothekarbereich, nicht ausbleiben. Spanien und Irland sind aber diesbezüglich nicht allein unterwegs.

Sorgen machten jedoch nicht so sehr verschuldete private,

sondern die öffentlichen Haushalte. Früher waren Länder mit (sehr) hohen Zinsen weniger in der Lage, sich zu verschulden, zudem fürchteten sie sich vor dem «Schuldendienst». Sie wichen zunehmend ins Ausland aus, verschuldeten sich in (harten) Fremdwährungen, bei denen die Zinsen ungleich niedriger waren. Zwar gab es in den letzten Jahrzehnten immer wieder Befürchtungen wegen Staatsbankrotten, sie blieben aber, selbst in Griechenland, bis 2010 aus.

Das oben beschriebene Verhalten änderte sich fundamental mit der Übernahme des Euro. Dank sinkender und (rekord-) tiefer Zinsen erhöhte sich der Spielraum für die Staatsverschuldung: Der Schuldendienst verlor zunächst entscheidend an Bedeutung. Niedrige Zinsen und reichlich Liquidität machten eine aggressive, auf Pump finanzierte Finanzpolitik möglich, und zwar nicht etwa für Investitionen in der Infrastruktur, sondern zunehmend für laufende Ausgaben, so zum Beispiel grosszügige Besoldung der Beamten, Subventionen an Unternehmen und (Sozial-)Transfers an private Haushalte. Als sich eine auf Dauer nicht tragbare Staatsverschuldung abzeichnete, es zu Herabstufungen der Bonität kam und die Zinsen scharf anzogen, war es um hochgefährdete Länder geschehen. Sie waren auf die EU und den IWF angewiesen, um nicht Insolvenz anmelden zu müssen.

Die niedrigen Eurozinsen blieben nicht ohne (negative) Auswirkungen auf die privaten Unternehmen. Zum einen erlagen sie der Versuchung, sich vermehrt zu verschulden, auf günstiges Fremdkapital zu setzen. Zum anderen bezahlten sie (rasch) wachsende Löhne, die den privaten Konsum ankurbelten. Das wirtschaftliche Wachstum war demnach konsum-, weniger investitionsbedingt. Entscheidend war jedoch, dass die traditionelle Strukturschwäche unter anderem in Griechenland, Portugal und Spanien nicht überwunden wurde. Man setzte weiterhin auf den Tourismus, die Landwirtschaft und den Bausektor. Als die Finanz- und Schuldenkrisen durchschlugen, kam es schlagartig zu einer wachsenden und (sehr) hohen Arbeitslosigkeit. Diese wirkte sich unter anderem auf die Sozialversicherung und den Staatshaushalt bedrohlich aus. Das prioritäre Ziel der EU und der Währungsunion, die Wettbewerbsfähigkeit zu stärken, um so gegenüber den (hoch)industrialisierten Ländern der EU – via Strukturwandel – aufzuholen, wurde verfehlt.

Es wäre allerdings einseitig, die gravierenden Probleme der hoch verschuldeten EU-Länder ausschliesslich ihnen selbst anzulasten. Erst national und international tätige Banken, nicht zuletzt Investmentbanken, Finanzgesellschaften und (mächtige) Investoren, trugen ihren Anteil an dieser Entwicklung. Sie gewährten, ohne auf Sicherheiten zu achten, gewissermassen «grenzenlos» Kredite an Konsumenten und private Unternehmen, heizten damit den Immobiliensektor an. Zugleich platzierten sie in hoher Kadenz Staatsanleihen, um mit ihnen (danach) einen lukrativen Handel zu betreiben. Das alles wurde dadurch überhaupt nur möglich, da Kredite aller Art und Staatsanleihen mit Credit Default Swaps (CDS) abgesichert wurden. Damit setzte man ein Perpetuum mobile in Bewegung, man baute eine (Super-)Blase auf, die auf Dauer nur platzen konnte. Nun blieb dem Staat nichts anderes übrig, als vor dem Ruin stehende Banken aller Art im letzten Moment zu retten. Das war jedoch immer weniger zu verkraften, da die Staatsschulden explodierten. Internationale Institutionen, EU und IWF sprangen ein, um betroffene Länder vorübergehend vor der Pleite zu retten. Inzwischen leben wir auch insofern in einer verkehrten Welt, als es den Banken gelang, sich als Opfer der Finanz- und Schuldenkrise zu präsentieren, obwohl sie letztlich die Verursacher sind.

Illusionen über den Ausstieg

Im Mai 2011 kursierten hartnäckige Gerüchte, Griechenland wolle aus dem Euro aussteigen und die Drachme wieder einführen. Aber schon zuvor waren Exitstrategien in einschlägigen Publikationen aufgetaucht (Bandulet, 2010). Zum einen könnte die Europäische Währungsunion in einen nördlichen und einen südlichen Block aufgeteilt werden, demnach in eine Weich- und eine Hartwährungszone. Zur südlichen würden Griechenland, Portugal und Spanien gehören, von Italien war damals nicht die Rede, obwohl es sich um einen Bankrottkandidaten handelte. Zum anderen schien es denkbar, dass frühere nationale Währungen neben dem Euro als gesetzliches Zahlungsmittel zirkulieren. Der Euro würde jedoch auch ohne gesetzliche Fixierung dominieren, da der Aussenhandel, einschliesslich des Tourismus, innerhalb von Europa in Euro abgewickelt würde. Unter solchen Voraussetzungen wären Länder mit einer eigenen schwachen Währung mit permanenten Wechselkursproblemen konfrontiert. Turbulenzen und chronische Ungleichgewichte wären so sicher wie das Amen in der Kirche. Bald würde der Ruf ertönen, die EU müsse intervenieren und im Extremfall sogar wechselkursbedingte Verluste ausgleichen.

Sozusagen stellvertretend für kleine und mittlere Länder mit einer schwachen (alten) Währung ist es notwendig und nützlich, die Folgen eines griechischen Ausstiegs zu erörtern. Für einen solchen (Rück-)Schritt braucht es das Einverständnis der Mitglieder der Eurozone, letztlich der EU. Das kann nicht heimlich, still und leise ablaufen. Es wäre ein gefundenes Fressen für die Massenmedien. Man kann sich durchaus vorstellen, mit welchen verheerenden Auswirkungen das verbunden wäre. Das Gespenst vom Untergang des Euro, verbunden mit wirtschaftlichem Chaos, würde umgehen. Zugleich würde das Auseinanderbrechen der EU prophezeit. Daran kann niemand ernsthaft interessiert sein, falls doch, so haben die Betreffenden offenbar vergessen, welche Verheerungen in Europa während Jahrhunderten wüteten, bevor man sich der europäischen Integration zuwandte. Zudem gibt es keinen triftigen Grund, einen Ausstieg Griechenlands aus der Eurozone zu befürchten: Der Euro würde dadurch nämlich nicht geschwächt, sondern gestärkt. Scheidet ein (relativ) kleines Mitglied, das mit schweren Problemen behaftet ist, aus, so ist das eine «Entlastung».

Die (Wieder-)Einführung der alten Währung braucht eine längere technische Vorbereitung. Während dieser Periode kann es nicht ausbleiben, dass Unsicherheit aufkommt, die sich destabilisierend auswirkt. Ein heikles Problem ist die Bestimmung des Umtauschkurses vom Euro in die Drachme. Darüber hinaus ist es (höchst) ungewiss, in welchem Ausmass die Drachme akzeptiert wird. Es ist wahrscheinlich, dass der Umtausch nicht im gewünschten (vollen) Ausmass gelingt. Auf jeden Fall bleibt nichts anderes übrig, als den Euro für einen längeren Zeitraum als «Parallelwährung» zu akzeptieren. Erst auf Dauer wird sich zeigen, ob und in welchem Ausmass die Drachme sich durchzusetzen vermag. Für die Spekulanten ist der Wechsel in die Drachme ein gefundenes Fressen: Es ist abzusehen, dass die Drachme unter massivem Druck gerät und gegenüber dem Euro massiv an Wert verlieren wird. Die griechische Zentralbank kann nicht mit der Notenpresse intervenieren, um die Spekulation zu besiegen. Sie ist und bleibt gegenüber der Spekulation machtlos.

Kehrt Griechenland, allen Bedenken zum Trotz, zur Drachme zurück, so wird es mit nicht zu verkraftenden Problemen konfrontiert werden. Die griechischen Staatsschulden lasten in erdrückendem Ausmass auf dem Euro, demnach einer im Vergleich zur Drachme harten Währung. Für die Verzinsung und Tilgung dieser Schulden sind Euros zu beschaffen und mit Drachmen zu bezahlen, einer Währung, die mit Sicherheit einem raschen Wertzerfall ausgeliefert ist. Entsprechend steigen die realen Lasten der Verschuldung in Euro an. Zwar könnte die EU nochmals aushelfen, nicht aber auf Dauer. Der Staatsbankrott ist nicht abzuwenden. Er kommt umso rascher, je mehr es sich abzeichnen sollte, dass Griechenland aus der Währungsunion ausscheidet. Doch schon vorher werden die Kurse der griechischen Euro-Anleihen crashen, zu entsprechenden Verlusten insbesondere bei europäischen Banken führen. Das wäre der Anfang einer neuen Bankenkrise. Denn: Kommen weitere Länder hinzu, so ist diese nicht mehr abzuwenden. Zahlreiche Banken werden auf Staatshilfe angewiesen sein, um überleben zu können.

Der Euro verschwindet nicht

Vorab – noch einmal – eine Klarstellung: Die EU hat nicht primär eine Euro-, sondern eine Schuldenkrise. Der Rettungsschirm wurde aufgespannt, um bedrohte Länder vor dem offiziellen Bankrott zu retten. Letztlich wollte man den Banken nicht zumuten, für ihre ruinöse Kreditvergabe an marode Länder geradezustehen. Man befürchtete eine Bankenkrise, die gigantische staatliche Hilfen auslösen würde. Die Eurokrise ist sozusagen ein Etikettenschwindel. Richtiger wären Schulden-Rettungsschirm oder Bankrott-Rettungsschirm zum Einsatz gekommen. Mit einer solchen Bezeichnung wäre der Euro ungleich weniger in die Schlusslinie und unter Druck geraten. Doch auch das wurde in den Massenmedien aufgebauscht, denn gegenüber dem Dollar war und ist der Euro eigentlich eine relativ harte Währung. Das kann man am Verlauf des Wechselkurses seit der Einführung des Euro im Jahre 1999 ablesen.

Es ist unbedingt erforderlich, die Gefahr eines Zerfalls der Eurozone und des Euro selbst realistisch zu beurteilen. Für kleine und mittlere Länder kommt es einem Suizid gleich, aus der Eurozone auszusteigen und die alte (marode) Währung einzuführen. Der unmittelbare Staatsbankrott, verbunden mit einer schweren, langjährigen Rezession – wenn nicht Depression –, wäre durch niemanden mehr abzuwenden. Solche Länder haben allen Grund, den Euro beizubehalten. Sollten sie aber trotzdem aussteigen, so würde die Eurozone nicht be-, sondern entlastet. Das gilt ebenfalls für alle Länder der EU-Osterweiterung: Die Existenz des Euro ist nicht gefährdet.

Um grössere Dimensionen geht es, wenn Spanien und/oder Italien aus der Eurozone ausscheiden würden. Sie hätten schlagartig ähnliche Probleme wie die kleinen und mittleren Länder zu meistern. Die Eurozone würde erheblich und signifikant auf eine «Kernzone» schrumpfen, aber der Euro würde erneut entlastet. Die (nördliche) Kernzone würde sich aus Deutschland,

Frankreich, dem gefährdeten Belgien, Luxemburg, den Niederlanden, Österreich und Finnland zusammensetzen. Dazu könnten später Dänemark und Schweden stossen. Diese Kernzone ist ökonomisch derart dominierend, dass Länder ausserhalb der Eurozone sich zumindest weitgehend am Euro orientieren müssten: Der Euro bleibt die europäische Leitwährung, auch für Länder ausserhalb der EU.

Wie oben ausgeführt, ist es nicht zu übersehen, dass in Deutschland Publikationen erschienen, die in naher Zukunft von einer Ablösung des Euro durch die D-Mark ausgehen. Der Preis für die Beibehaltung des Euro sei für Deutschland einfach zu hoch (Hankel 2010). Es ist allen Unkenrufen zum Trotz realistisch, davon auszugehen, dass es keine Rückkehr zur D-Mark geben wird, auch wenn man sie ökonomisch noch so fundiert fordern könnte. Der Euro ist eine Konzession an Frankreich, die man nicht rückgängig machen kann, ohne die (guten) Beziehungen existenziell zu gefährden. Auf die Frage, ob der Euro abgeschafft werde, antwortete im Frühjahr 2011 Präsident Sarkozy im Fernsehen: «Jamais, jamais, jamais» – «niemals». Daran dürfte sich auch bei seinen Nachfolgern nichts ändern. Der Euro ist und bleibt eine «Zwangsgemeinschaft» zumindest für Deutschland und Frankreich. Darüber hinaus auch für all jene Länder, die eine hohe aussenwirtschaftliche Verflechtung mit diesen beiden Ländern aufweisen. Damit ist zumindest die «nördliche Kernzone» des Euro gesichert. Der Euro wird auch grössere Herausforderungen als die aktuelle überleben. Man ist weitsichtig genug, die jahrzehntelangen Erfolge der ökonomischen Integration und der friedlichen Stabilisierung Europas nicht in existenzielle Gefahr zu bringen. Nur Desperados können den Wunsch hegen, zu längst überwundenen Zeiten zurückzukehren. Europa würde sozusagen in jeder Beziehung in Bedeutungslosigkeit versinken.

Die langfristige Entwicklung des Euro, ob als «harte» oder «weiche» Währung, hängt entscheidend vom Ausgang der laufenden Schuldenkrise ab. Entgegen ihrer traditionellen Haltung wurde die EZB im Frühjahr 2011 veranlasst, marode Staatsanleihen aufzukaufen, um den entsprechenden Markt zu entlasten. Das war und ist ein gefährliches Präjudiz. Damit begab sich die EZB auf den Weg zum Lender of Last Resort. Doch das wäre durchaus zu vermeiden gewesen. Anstelle gigantischer Hilfen an (quasi)bankrotte Länder wie Griechenland, Irland und Portugal – und darüber hinaus – hätte man Insolvenzverfahren durchführen müssen. Erstens mit einem Schuldenerlass auf 60 Prozent am BIP, zweitens mit einer Fristverlängerung bei den anderen (restlichen) Anleihen mit fixen, tragbaren Zinsen. Drittens sind die Maastricht-Regeln endlich konsequent durchzusetzen. Bei einem solchen Verfahren hätte man die EZB aussen vor lassen können. Sie hätte die Notenpresse nicht in Bewegung setzen müssen. Es ist ohnehin absolut unverantwortlich, dass die Banken nicht die (volle) Verantwortung für die Finanzierung von maroden Staatshaushalten übernehmen müssen. Die Politik erlaubt ihnen, die erforderlichen Abschreibungen auf Dritte, die Steuerzahler und die EZB, auszulagern, also zu externalisieren. Das verstösst in eklatanter Weise gegen das marktwirtschaftliche Verursacherprinzip. Es ist im Bereich der organisierten Verantwortungslosigkeit anzusiedeln.

Nach menschlichem Ermessen und gestützt auf die aktuellen Trends, ist davon auszugehen, dass man in den kommenden drei bis fünf Jahren zunehmend auf die EZB zurückgreift, um Staatsbankrotte «abzuwickeln». Man wird sie als «Lender of Last Resort» missbrauchen. Entsprechend werden die Geldmenge und – verzögert – die Inflation rasch anwachsen, um in einer späteren Phase zu «explodieren». Was daraus wird, ist hinreichend aus der Geschichte der Staatsbankrotte bekannt. Eine Währungsreform im Rahmen des Euro, nicht aber eine Rückkehr zu den alten Währungen in der EU-Kernzone. Eine Währungsreform ist aber nicht kurz- und mittelfristig, sondern (eher) langfristig wahrscheinlich, und zwar nicht vor, sondern nach einer Währungsreform des US-Dollars.

9 Eskalation der Schuldenkrise

Zur Erinnerung: Ihren Anlauf nahm die Schuldenkrise 2009, ausgelöst durch die Finanzkrise, welche die Staatsfinanzen arg strapazierte. Im Laufe von 2009 machte das Gespenst vom Staatsbankrott, von Deutschland ausgehend, die Runde. Als Kandidaten wurden damals Portugal, Irland, Griechenland und Spanien (PIGS) gehandelt. Allerdings stimmte diese Reihenfolge, von der Finanzindustrie proklamiert, schon damals nicht. Am meisten war Griechenland gefährdet. Im April war es dann so weit: Die EU-Länder sprangen gemeinsam mit dem IWF ein, um die Zahlungsunfähigkeit abzuwenden. Als Reaktion darauf und wegen Befürchtungen um weitere Turbulenzen bei den Staatsfinanzen wurde der Euro-Rettungsschirm eingerichtet. Dabei handelt es sich um ein Umgehungsgeschäft, denn nach dem Maastricht-Vertrag muss kein EU-Land für die Schulden eines anderen EU-Landes einstehen. So machte man aus der Schuldenkrise eine Eurokrise, um intervenieren zu dürfen.

Im Herbst 2010 war Irland an der Reihe: Hier rührte die Schuldenkrise von einer – gigantischen – Immobilien- und Bankenkrise her. Portugal, das seit 2009 als gefährdet galt, benötigte im April/Mai 2011 massive Hilfe vom «Rettungsschirm». Als nächste Kandidaten wurden Spanien, Belgien und Italien gehandelt. Doch das ist nur die Spitze des Eisbergs:

Massiv überschuldete Länder gibt es zuhauf. Es handelt sich nicht um ein neues, sondern ein altbekanntes Problem, das bereits in den 1990er-Jahren aktuell war.

Immer mehr Schulden

Aus der aufgeführten Tabelle geht hervor, dass die Staatsschulden in Prozent des BIP im Jahre 2008 zu einer Expansion ansetzten. Zuvor waren sie zwischen 2005 und 2008 mehr oder weniger stabil geblieben, allerdings mit Unterschieden zwischen den einzelnen Ländern. Die Expansion ist, wie oben ausgeführt, auf die Finanzkrise ab 2007 zurückzuführen. Damals kam es zu staatlichen Konjunkturprogrammen, als die Rezession sich ab Ende 2007 in den USA abzeichnete. Noch gewichtiger waren allerdings die staatlichen Stützungsmassnahmen für das angeschlagene Banken- und Finanzsystem. Dabei kam es zu staatlichen Beteiligungen und zu Sozialisierungen, so unter anderem in den USA, Grossbritannien, Irland und andernorts.

An der Spitze der Verschuldung liegt erneut, sogar mit grossem Abstand, Japan. Das ist letztlich eine Folge der wirtschaftlichen (Quasi-)Stagnation seit Anfang der 1990er-Jahre. Damals ging der langfristige Aufstieg der Nachkriegszeit zu Ende. Dem Land ist es bis heute nicht gelungen, fundamentale marktwirtschaftliche Reformen durchzuführen, sich zu revitalisieren. Die anhaltende (Zusatz-)Verschuldung wurde dadurch möglich, dass die Japaner selbst eigentlich am laufenden Band Staatsanleihen gekauft haben. Dabei gaben sie sich mit extrem niedrigen Renditen (Zinsen) zufrieden. Das machte es möglich, den Schuldendienst in «Grenzen» zu halten. Es ist abzusehen, dass sich daran vorläufig so gut wie nichts ändert.

Sollten die japanischen Anleger aber «streiken», so springt die Zentralbank ein.

Staatsschulden in Prozent des BIP

	2005 *	2008 *	2011**
Japan	175	173	204
Griechenland	98	93	137
Italien	106	104	133
Portugal	64	65	99
USA	62	73	98
Frankreich	66	68	97
Belgien	92	88	97
Irland	33	33	96
Grossbritannien	46	59	87
Deutschland	68	64	81
Spanien	43	38	78
Niederlande	60	54	78
Finnland	49	40	63
Norwegen	49	45	54
Schweden	60	45	49
Schweiz	56	48	41

* OECD
** «Swissmaster», 11. Mai 2011

In Europa kam es vor allem in den von der Zahlungsunfähigkeit bedrohten Ländern zu einer Explosion der Schuldenquoten. An erster Stelle rangieren Länder wie Griechenland,

Irland und Portugal, die bereits auf Hilfe angewiesen waren (und sind). Es folgen potenzielle Bankrottkandidaten wie Belgien, Spanien und Italien. Sie bewegen sich auf die Zahlungsunfähigkeit zu. Zugleich ist aber nicht zu übersehen: Zu einer explosiven Expansion der Schuldenquoten kam es auch in Grossbritannien, Frankreich, den Niederlanden, Finnland und auch Deutschland. Zwar sind diese Länder (noch) nicht von der Zahlungsunfähigkeit bedroht, sie haben die Expansion aber nicht im Griff. Das war bisher ohne die Lasten der Fall, die für den Euro-Rettungsschirm übernommen werden müssen.

Das Fazit lautet: Alle diese EU-Länder liegen mehr oder weniger jenseits der Vorgaben des Vertrages von Maastricht mit 60 Prozent Schulden am BIP. Darunter liegen Norwegen, ein Mitglied des EWR, Schweden und die Schweiz (EFTA). Schweden ist insofern ein «Musterknabe», als es früher mit radikalen Massnahmen die (maroden) Staatsfinanzen saniert hat. Bei Norwegen liegt kein Wunder vor, denn bei derart reichlich fliessenden Einnahmen aus Erdöl und Erdgas wäre es geradezu eine Kunst, nicht über gesunde Staatsfinanzen zu verfügen. Am besten schneidet die Schweiz ab, aber sie hat in den letzten 30 Jahren bei den öffentlichen Investitionen (systematisch) gespart und entsprechend ihre Infrastruktur vernachlässigt. Der Nachholbedarf wird mit einer Verzögerung zu steigenden Staatsschulden führen.

Nicht besser, sondern noch schlimmer als im Durchschnitt der EU-Länder verlief in den USA die Verschuldung nach dem Einsetzen der Immobilienkrise (2006) und der Finanzkrise (ab 2007). Doch schon zuvor hatte sich die Schuldenquote zwischen 2005 und – krisenbedingt – 2008 von 62 auf 73 Prozent am BIP erhöht. Damit lagen die USA erheblich über dem

OECD-Durchschnitt von 62 Prozent im Jahre 2008. Nun setzte eine Beschleunigung der Verschuldung ein. Die Quote stieg von 2008 bis 2011 von 73 auf 98 Prozent am BIP, demnach war eine Zunahme von rund 35 Prozent zu verzeichnen. Diese Entwicklung resultiert vor allem aus Konjunkturprogrammen und Hilfen an bedrohte Unternehmen, unter anderem aus dem Banken-, Versicherungs- und Automobilsektor. Wiederum zeitlich vorgelagert hatte das Fed angefangen, im grossen Stil Geld zu drucken. Es kaufte Staatsanleihen auf, um Engpässe bei den öffentlichen Finanzen zu vermeiden. So wurde das Staatsdefizit von 2010 bis zu 80 oder 90 Prozent vom Fed finanziert («Finanzwoche», 27. Oktober 2010). Doch damit nicht genug: Der berühmte Ökonom Paul Krugman, aber auch Georges Soros forderten eine massive Erhöhung der Defizite, um die Finanzkrise wirksam zu bekämpfen.

Die Finanzmisere trifft in den USA nicht nur den Bund, sondern auch zahlreiche Gliedstaaten (z. B. Kalifornien) und (grosse) Gemeinden (z. B. Detroit). Sie können ihre Bediensteten nicht mehr voll bezahlen, müssen Personal abbauen, das sie dringend benötigen. Für öffentliche Investitionen bleibt ohnehin – nicht erst seit heute – nichts mehr übrig: Die Infrastruktur befindet sich in einem «lausigen» Zustand. Noch schlimmer sieht es in zahlreichen Städten aus: Dort ist ein massiver Abbau von öffentlichen Dienstleistungen im Gange, sogar bei der Feuerwehr (!). Man ist mit der Bezahlung der Arbeitslosengelder und der Sozialhilfe nachhaltig überfordert. Nicht wenige Gliedstaaten und Gemeinden erwägen den Weg in den Konkurs, um auf diesem Wege ihre Beiträge an Pensions- und Krankenkassen loszuwerden. («NZZ am Sonntag», 30. Januar 2011).

Die USA befinden sich in einem – föderalistischen – Teufelskreis. Bedrohte (Gross-)Städte machen Druck auf ihren Bundesstaat, um von dort mehr Geld zu erhalten. Die Gliedstaaten sind aus Imagegründen daran interessiert, Pleiten von Städten und Agglomerationen zu verhindern. Da die Gliedstaaten bereits an ihre Finanzierungsgrenzen gestossen und ihre Anleihen hoch gefährdet sind, brauchen sie Hilfe aus Washington. Dort drohen auch sie mit der Verkündigung der Zahlungsunfähigkeit. Da die US-Regierung nicht an Bankrotten, zum Beispiel von Kalifornien, interessiert sein kann, einen Dominoeffekt unter Bundesstaaten fürchtet, wird man mehr Finanzmittel zur Verfügung stellen, nicht zuletzt im Hinblick auf die Wahlen im November 2012. Angesichts einer leeren Bundeskasse ist die Hilfe nur über eine zusätzliche Verschuldung möglich. Es kann keinen Zweifel geben: Diesen Weg wird Washington gehen, koste es, was es wolle.

Was eine zusätzliche Verschuldung betrifft, muss man Folgendes wissen: Der amerikanische Kongress gibt sich seit Langem eine Obergrenze für die Verschuldung vor. Aber hier gilt, wie schon in den vergangenen 20 Jahren: Der Weg zur Verschuldung ist mit guten Vorsätzen gepflastert. Die Schuldenplafonds wurden stets nach oben hin korrigiert, wenn im Jahresverlauf die Zahlungsunfähigkeit drohte. Im Februar 2011 war eine Notoperation erforderlich, um die Zahlungsfähigkeit zu sichern. Doch das genügte schon bald nicht mehr: Dem Kongress blieben noch gut zwei Monate, um die Limite zu erhöhen, um ab 1. August 2011 zahlungsfähig zu bleiben. Zwar wehrten sich erneut die Republikaner dagegen und forderten drastische Massnahmen zur Eindämmung der Ausgaben. Doch wie auch immer: Im Juni 2011 war vorauszusehen, dass man die

Schuldengrenze erneut anheben würde, und dies nicht zum letzten Mal.

Am 11. März 2011 schlug eine Meldung wie eine Bombe ein. Der weltgrösste Anleihenfonds Pimco – zur Allianz-Gruppe gehörend – verkaufte alle seine US-Staatsanleihen. Die Begründung lautete: Es sei mit massiven Wertverlusten bei den amerikanischen Staatsanleihen zu rechnen. Aufsehen erregte zudem die Aussage des US-Starökonomen Laurence Kotlikoff von der University of Boston, die nahezu zeitgleich erschien: «Die USA stehen schlechter da als Griechenland.» Diese Einschätzung beruhte nicht auf offiziellen, sondern eigenen Berechnungen der amerikanischen Schulden. Kotlikoff warnte nicht zum ersten Mal vor dem finanziellen Kollaps der amerikanischen Wirtschaft. Es dauerte nicht lange, bis die Ratingagentur «Standard & Poor's» am 19. April 2011 ankündigte, die Bonität der USA herabzusetzen und sich damit vom Triple A (AAA) zu verabschieden. Es fehle ein glaubwürdiges Konzept zur Sanierung des US-Haushalts. Darüber war man im offiziellen Washington alles andere als erfreut. Von einer grossen Schuldenkrise wollte man nichts wissen, die dringend erforderlichen Massnahmen blieben aus.

Entschieden zu hoch sind nicht nur die Schuldenquoten, sondern auch die laufenden (jährlichen) Defizite in den öffentlichen Haushalten. In der Eurozone lagen sie 2010 im Durchschnitt bei 6,5 Prozent am BIP («Neue Zürcher Zeitung», 28. Oktober 2010). An der Spitze lag Irland mit 17,7 Prozent am BIP, gefolgt von Spanien (9,3), Griechenland (7,9) und Portugal (7,3). Also jene Länder, die – wie oben bereits erwähnt – seit 2009 unter der Bezeichnung PIGS bekannt sind. Im Übrigen: Das Defizit der USA machte 2010 nicht weniger als 11 Prozent am BIP aus. Jenseits der zulässigen 3 Prozent am BIP lagen aber auch andere Länder aus der Eurozone, so Frankreich mit 8,0 Prozent und Italien mit 5,1 Prozent. Mit der Verschärfung der Schuldenkrise ab 2010 stiegen die jährlichen Defizite noch weiter an. Die Schuldenquote wurde entsprechend – gefährlich – angehoben. In den nächsten Jahren wird sich zeigen, ob die riskanten Defizite mit oder ohne Auflagen von IWF und EU-Rettungsschirm nachhaltig gesenkt werden können. In jedem Fall ist, von wenigen Ausnahmen abgesehen, nicht davon auszugehen, dass die Schuldendynamik in absehbarer Zeit gebrochen werden kann. Je nach Verlauf der wirtschaftlichen Entwicklung ist eine Beschleunigung nicht auszuschliessen, denn Krisen dauern erfahrungsgemäss (viel) länger an, als (Zweck-)Optimisten gemeinhin annehmen, wie wir gesehen haben.

Es fällt auf, dass jene Länder in der Eurozone – und über sie hinaus –, die eine (zu) hohe Schuldenquote und laufende Defizite aufweisen, sich durch Defizite in der Leistungsbilanz «auszeichnen». Hier war Griechenland mit 10,8 Prozent am BIP im Jahre 2010 Spitzenreiter. Es folgten Portugal mit 10,0, Spanien mit 5,2 und Irland mit 2,7 Prozent. Sie lebten zwar mit Unterschieden, aber jenseits der ökonomischen Möglichkeiten, eigentlich über ihre Verhältnisse. Defizitär sind aber auch Frankreich (1,8 Prozent) und Italien (2,9 Prozent). Defizite in der Leistungsbilanz sind ein zuverlässiger Indikator für eine schwache bis gänzlich fehlende Wettbewerbsfähigkeit. Entsprechend sind die Voraussetzungen für die Sanierung der öffentlichen Finanzen schlechter als in wettbewerbsfähigen Ländern mit einem Überschuss in der Leistungsbilanz (z. B. Deutschland).

Griechenland im Testlauf

Das Land galt seit Längerem als Pleitekandidat. Im April 2010 war es dann so weit: Das finanzielle Aus schien gekommen. IWF und EU-Länder sprangen eilig ein, um die Zahlungsunfähigkeit abzuwenden. Was danach bis Frühjahr 2011 passierte, wurde bereits oben geschildert (S. 31 ff.). Was nicht wenige Experten damals befürchteten, ist inzwischen, nach über einem Jahr, Wirklichkeit geworden: Es kam zu einem zweiten Hilfspaket.

Griechenland ist sozusagen der Prototyp, der Vorläufer dessen, was sich in den nächsten Jahren in gefährdeten Ländern, neben Irland und Portugal, an Phänomenen abspielen könnte. Daher ist man gut beraten, den Ablauf der «griechischen Tragödie» minutiös zu verfolgen. Es geht unter anderem um bewusst gestreute Gerüchte, Manipulationen und tendenziöse Analysen, um zu verschleiern, wie es tatsächlich aussieht. Darüber hinaus ist auf «Versuchsballone», Vorschläge und Forderungen in Bezug auf die Sanierung der Finanzen zu achten. Jeder noch so kleine (erste) Schritt kann – und wird – sich präjudizierend auf das Vorgehen in anderen Ländern, zunächst Irland und Portugal, auswirken. Im Mittelpunkt des Interesses steht dabei die Rolle der EZB, das Verhalten von Deutschland und in welchem Masse die Privatwirtschaft – vor allem Banken, private und institutionelle Anleger – in die Sanierung einbezogen werden können.

Wer die wahre Lage Griechenlands kennen möchte, sollte sich mit dem fundierten Artikel «Die Last des griechischen Staates» von Thomas Fuster in der «Neuen Zürcher Zeitung» vom 18. März 2011 befassen. Die mangelnde Wettbewerbsfähigkeit ist auf eine jahrzehntelange Aufblähung des öffentlichen Sektors zurückzuführen. Nicht minder bedeutsam ist die Abschottung (der Schutz) des Arbeitsmarktes im Allgemeinen und diverser Berufsgruppen im Besonderen als Ursache des griechischen Desasters.

Das wirtschaftliche Wachstum in Griechenland ist seit der Übernahme des Euro (2001) auf einen kreditfinanzierten Kaufrausch im privaten und öffentlichen Sektor zurückzuführen. Die Expansion der Staatsausgaben konzentrierte sich auf den unproduktiven Sektor, also Konsumausgaben. Dabei kamen die öffentlichen Investitionen viel zu kurz. Die Löhne expandierten ohne jeglichen Bezug zur Entwicklung der Arbeitsproduktivität. Zwischen 1995 und 2009 stiegen die (kumulierten) Nominallöhne in der Privatwirtschaft (ohne Banken) um 116 Prozent, im öffentlichen Sektor um 159 Prozent und in den Staatsbetrieben um 221 Prozent an. Man stelle sich vor: Die Zahl der Staatsangestellten hat sich zwischen 1976 und 2010 verdreifacht, jeder vierte Arbeitnehmer ist beim Staat angestellt.

In der Rangliste des World Economic Forum (WEF) rangiert Griechenland in der Wettbewerbsfähigkeit an letzter Stelle, hinter Bulgarien, Lettland und Rumänien. Verantwortlich dafür sind die ineffiziente Staatsbürokratie, eine endemische Korruption, ein geschützter Arbeitsmarkt, steuerliche Regulierungen und eine schlechte Steuerverwaltung. Gut organisierte Interessengruppen geniessen Privilegien und den Schutz ihres «Berufsstandes». Das verschafft ihnen staatlich garantierte, hohe Margen und satte Gewinne. Hier sind vor allem die «freien Berufe» zu nennen, zu denen unter anderem Rechtsanwälte, Treuhänder, Architekten, Ingenieure und Apotheker gehören. Doch damit nicht genug: Die griechische

Wirtschaft wird geprägt von «Kleinstunternehmen». Sie sind weit von optimalen Betriebsgrössen entfernt. Entsprechend kann das Land nicht von «Skalenerträgen» (Economics of Scale), von der «Grössendegression» bei Kosten und Preisen profitieren.

Griechenland braucht demnach – führt man sich all die genannten Aspekte einmal vor Augen – eine marktwirtschaftliche «Rosskur». Dazu gehören massiv niedrigere Löhne in der Privatwirtschaft und beim Staat, Abschaffung aller Privilegien und Schutzmassnahmen am Arbeitsmarkt sowie ein «Kahlschlag» beim Wohlfahrtsstaat. Die politischen Voraussetzungen dazu sind jedoch leider nicht gegeben. Und selbst wenn solche Reformen durchkämen, würde es mehr als fünf Jahre dauern, bis es nach einem massiven Einbruch wieder nachhaltig nach oben gehen könnte: Ohne einen grosszügigen Schuldenerlass geht das Land in kurzer Zeit pleite.

Rund ein Jahr nach der ersten Hilfe an Griechenland war erneut Feuer im Dach. Am 27. April 2011 meldete die «Neue Zürcher Zeitung»: «Athens Defizit höher als erwartet.» Das Defizit belief sich 2010 auf 10,5 Prozent am BIP. Am 8. Mai kam das Gerücht auf, Griechenland wolle den Euro abschaffen, was umgehend dementiert wurde. Es hatte sich gezeigt, dass die 110 Milliarden Euro Hilfe, die bis Ende 2012 hätten ausreichen müssen, eben nicht ausreichten. Man sprach von zusätzlichen 60 Milliarden Euro Hilfe. Der Engpass im öffentlichen Haushalt spitzte sich deshalb zu, weil die erwarteten zusätzlichen Steuereinnahmen ausblieben. Trotzdem gab man der Opposition nach und senkte zunächst den Satz der Mehrwertsteuer von 23 auf 20 Prozent.

Eine zentrale Sparauflage seitens der EU ist die Privatisierung von Staatsbesitz, insbesondere von öffentlichen Unternehmen. Hier war aber bis Ende Mai 2011 noch nichts geschehen, denn die Gewerkschaften wehrten sich erfolgreich gegen eine Privatisierung. Es kommt hinzu, dass Griechenland kein Grundbuch, wie beispielsweise Deutschland, kennt. Daher gibt es keinen zuverlässigen Einblick in die Eigentumsverhältnisse. Vor allem dürfte es sich als schwierig bis unmöglich erweisen, öffentliche Unternehmen zu privatisieren. Wer möchte sich schon dort engagieren, wo ihn nur Schwierigkeiten und Verluste erwarten? Die «Finanzwoche» berichtete am 25. Mai 2011, dass Staatsbetriebe häufig 18 Monatsgehälter bezahlen. Zugleich existiert ein ungeschriebenes Gesetz, dass Arbeitgeber das letzte Gehalt vor der – gemessen an anderen europäischen Ländern äusserst frühen – Pensionierung um rund 30 Prozent erhöhen. Die ausbezahlten Pensionen betragen 115 Prozent dieses zuletzt bezogenen Gehaltes.

Von verschiedener Seite kam im Frühjahr 2011 der Vorschlag, einen Teil der griechischen Schulden zu erlassen. Dagegen wehrte sich dezidiert die EZB. Sie befürchtete eine Destabilisierung des Finanzsystems. Doch damit nicht genug: Die EZB ist selbst massiv in Griechenland involviert. Zusammen mit den 17 Zentralbanken der Euroländer soll es um 130 Milliarden Euro gehen («Swissmaster», 10. Juni 2011). Nach einer anderen Quelle («Value Investor», im Juli 2011) hält die EZB 45 Milliarden an griechischen Anleihen. Weitere 150 Milliarden an Wertschriften sind bei Banken hinterlegt. Das ergibt zusammen knapp 200 Milliarden Euro. Nichtsdestotrotz versuchte der Chefökonom der EZB gute Stimmung zu verbreiten. Er verkündete am 1. Juni 2011: «Griechenland ist kein Fass ohne Boden» («Finanz und Wirtschaft»). Gleichzeitig warnte er ein-

drücklich: «Mit einem harten Schuldenschnitt würde das griechische Bankensystem kollabieren.»

Im Mai/Juni 2011 kam eine weitere Variante ins Spiel, mit
deren Hilfe man der Sache Herr werden wollte. Sie sieht eine
drastische Verlängerung der Laufzeiten griechischer Anleihen
von 10 auf 40 bis 50 Jahre vor. Damit würde man die Banken
entscheidend schonen, denn sie müssten zumindest vorläufig
keine Wertberichtigung vornehmen. Die EZB lehnt aber eine
Laufzeitverlängerung ab.

Bei der Diskussion über eine erneute Hilfe an Griechenland, über 110 Milliarden Euro hinaus, forderte Deutschland,
dass die Privatwirtschaft, vor allem Banken, sich an der Hilfe
beteiligen sollen. Im Klartext: Sie müssen auslaufende Anleihen zu gleichen Bedingungen übernehmen (sogenannter Roll-
over). Vorgesehen war eine Laufzeit von sieben Jahren. Bei dieser Forderung gab Bundeskanzlerin Angela Merkel in einem
Gespräch mit Präsident Nicolas Sarkozy am 17. Juni 2011 in
Berlin nach. Schon zuvor hatten Experten der EU, EZB und
IWF am 4. Juni Griechenland ein gutes Zeugnis ausgestellt.
Damit schien der Weg für ein zusätzliches Hilfspaket frei.

Am 21. Juli 2011 war es dann so weit. Die Regierungschefs
der 17 Euroländer verabschiedeten ein zweites Hilfspaket für
Griechenland. Zu den ersten 110 Milliarden kamen (rund) 109
Milliarden hinzu. Diese wurden durch den Rettungsschirm
(EFSF) und den internationalen Währungsfonds finanziert.
Zusätzliche 37 Milliarden stammen bis 2014 von Banken und
Versicherungen, auf freiwilliger Basis. Dieser Betrag soll bis
2019 auf 106 Milliarden steigen. Es kommt weiter zu einem
Umtausch von Schulden, einer Umschuldung mit einer Ver-
längerung von Laufzeiten. Die Rückzahlung der Kredite wird

von 7,5 auf 15 auf 30 Jahre verlängert. Davon sind 10 Jahre til-
gungsfrei. Die Verzinsung wurde von 4,5 auf 3,5 Prozent gesenkt. Diese Regelung erstreckt sich auch auf Irland und Portugal. Die (neuen) Schulden werden durch den EFSF garantiert:
Faktisch handelt es sich um Euro-Bonds, die letztlich nicht nur
von den Ländern der Eurozone, sondern auch von der EU garantiert sind. Damit wurde der Einstieg in die «Transferunion»,
einem EU-weiten Finanzausgleich vollzogen. Die EZB wird
weiter nicht nur griechische Anleihen aufkaufen und als «De-
ckung» für Kredite akzeptieren. Dazu konnte sie sich deshalb
durchringen, weil die (neuen) Anleihen durch den EFSF garantiert wurden, entsprechend nicht mehr mit Risiken verbunden sind. Schliesslich erklärte man feierlich, Griechenland sei
ein Sonderfall. Die Beteiligung des privaten Sektors gelte nur
für Griechenland, nicht für andere Länder.

Griechenland wurde von der Zahlungsunfähigkeit erlöst,
aber von einer Überwindung der dortigen Schuldenkrise auszugehen, ist nicht realistisch. Das Land muss innert nützlicher
Frist alle Auflagen erfüllen: Privatisierungen, Ausgabenkürzun-
gen, mehr Einnahmen und Stabilisierung der Banken. Der
Aufstand gegen die Sanierungsmassnahmen darf ausserdem
nicht zu substanziellen Abstrichen führen. Eine Regierungs-
krise kann sich das Land ebenfalls nicht leisten. Das Fazit:
Griechenland hat zwar Zeit gewonnen, diese dürfte aber nicht
ausreichen, um die Schuldenkrise (definitiv) zu bewältigen:
Ein dritter Hilferuf – oder anderenfalls der Staatsbankrott – ist
nicht auszuschliessen.

Das zweite Hilfspaket für Griechenland strotzt vor «Präju-
dizierungen». Der Einstieg in die Transferunion ist erst der Anfang, weitere Belastungen werden folgen. Das kann nur zu

Spannungen, insbesondere in Deutschland, führen. Die Beteiligung der Banken und Versicherungen, «Schuldenverzichte» des privaten Sektors haben erst begonnen und werden sich fortsetzen. Wenn nicht freiwillig, dann werden sie (später) erzwungen. Spätestens dann wird die CDS-Lawine losgetreten, mit einem Kollaps des CDS-Marktes. Der «Sonderfall» Griechenland ist leider auf dem Weg zum «Normalfall» zu werden.

Der Rettungsschirm – ein Fass ohne Boden

Der Rettungsschirm sieht bis Ende 2012 einen Betrag von 750 Milliarden Euro vor. Griechenland erhielt zu den anfänglichen 110 Milliarden (2010) Zusagen über weitere 120 Milliarden. Irland erhielt im Herbst 2010 rund 85 Milliarden, aber das dürfte nicht reichen: Die Bilanzsumme der dortigen Banken beläuft sich auf das Zehnfache des BIP. Das ist kaum ohne zusätzliche Hilfe zu schultern. Portugal wurde anfänglich mit 60 Milliarden bedacht. Auch hier sieht es nach mehr Hilfe aus. Das Fazit: Die Beanspruchung des Rettungsschirms war schon Mitte 2011 so hoch ausgefallen, dass zusätzliche Hilfen an Irland und Portugal ihn nun an den Rand der «Erschöpfung» bringen.

Es ist des Weiteren abzusehen, dass Spanien auf Hilfe angewiesen sein wird. Hier geht es um ungleich grössere Dimensionen als in Griechenland, Irland und Portugal. Zu Recht nannte Claude Juncker, der Chef der Eurogruppe, im Juni 2011 ausserdem Italien und Belgien als der Hilfe bedürftige Kandidaten. Italien hat ähnliche Dimensionen wie Spanien und ist demnach kein «Bagatellfall». Belgien hat zwar ein (viel) kleineres Volumen, aber das Land ist schon seit den 1990er-Jahren ein Pleitekandidat. In einem realistischen Szenario sind die Mittel des Rettungsschirms schon vor Ende 2012 erschöpft. Um ein (kurzfristiges) Desaster abzuwenden, wird man den Rettungsschirm massiv aufstocken. Wie schon 2010 durchsickerte, denkt man an eine Verdoppelung auf 1500 Milliarden Euro. Daher gewinnt man als Beobachter den Eindruck, man sei in der EU bereit, ein «Spiel ohne Grenzen» zu betreiben, bis der Schirm zusammenbricht.

Ab 2013 wird ein Europäischer Stabilitätsmechanismus (ESM) zum Zuge kommen, um die laufende Schuldenkrise dauerhaft zu überwinden. Der ESM wird mit einem Eigenkapital von 700 Milliarden Euro ausgestattet. Einbezahlt werden 60 Milliarden. Die restlichen 620 Milliarden stellen abrufbares Kapital und Bürgschaften dar («Neue Zürcher Zeitung», 26. März 2011). An der Finanzierung sind (gewichtet) alle EU-Länder beteiligt. Deutschland mit 27,146 Prozent, Frankreich mit 20,386, Italien mit 17,914, Spanien mit 11,904, die Niederlande mit 7,717, Belgien mit 3,477, Österreich mit 2,783, Portugal mit 2,509, Finnland mit 1,707 und Irland mit 1,592 Prozent. Die übrigen EU-Länder sind je mit weniger als 1 Prozent beteiligt.

Diese Finanzierung ist alles andere als gesichert, denn Griechenland, Irland und Portugal sind bereits auf den Rettungsschirm angewiesen: Ein Ausfall von zusammengenommen 6,9 Prozent ist für ESM zwar noch zu verkraften. Doch im Frühjahr 2011 galten Italien, Spanien und Belgien akut als «Pleitekandidaten». Hier geht es insgesamt bereits um (rund) 34 Prozent der Finanzierung des ESM. Addiert dreht es sich bei diesen sechs Ländern um mehr als 40 Prozent. Darüber hinaus ist Frankreich kein sicherer Finanzierer des ESM: Dort ist die Schuldenquote bedrohlich hoch, und französische Banken sind extrem in bedrohten Euroländern involviert. Sollte auch Frankreich ausfallen, so hat der ESM eine «Finanzierungslücke» von über 60 Prozent. Daher stellt sich die brisante Frage: Wer soll in die Bresche springen, wenn EU-Länder sozusagen am laufenden Band in den nächsten Jahren ausfallen?

Es war abzusehen, dass man in der EU und über sie hinaus erwartet, dass Deutschland laufend zusätzliche Belastungen übernimmt, wenn andere Länder mit der Erfüllung ihrer Verpflichtungen in Verzug sind oder gar ausfallen. Es ist daher nicht übertrieben zu sagen, dass Deutschland in einer von aussen verursachten Schuldenfalle sitzt. Das Land war schon vor 2011 auf dem Weg in eine rasch wachsende Transferunion. In welchem Ausmass Deutschland bereits im Frühjahr 2011 belastet war, hat Hans-Werner Sinn («Süddeutsche Zeitung» [Online], 3. April 2011) nachgewiesen. In Form von Bürgschaften (168), ESM-Bareinzahlungen (22), IWF/ESM (15), EU-Rettung für Griechenland (22), EZB-Anleihenkäufen (26), ELA (22) und IWF Griechenland (2) belief sich die Schuldenlast auf 277 Milliarden Euro. Zusätzlich sind 321 Milliarden Euro zu berücksichtigen, in Form von Forderungen der (deutschen) Bundesbank an die Zentralbanken der Peripherieländer. Das ergibt zusammen 548 Milliarden Euro. Dabei handelt es sich lediglich um eine Momentaufnahme, nicht um die tatsächlich zu erwartende Entwicklung in den nächsten, extrem kritischen Jahren. Im Zuge einer solchen Entwicklung stösst Deutschland zunächst an die Grenzen der Verschuldung, und ohne radikale Gegenmassnahmen werden diese Grenzen überschritten werden. Es droht dann schlicht und ergreifend die Zahlungsunfähigkeit.

In der (breiten) Öffentlichkeit nicht bekannt und an den

Parlamenten vorbei laufen massive Hilfen von nationalen Zentralbanken an (eigene) Geschäftsbanken und letztlich an den Staat. Das ist insofern legal, als es bei der Einführung des Euro für Krisenzeiten und mit begrenzter Dauer vorgesehen wurde. Diese Operationen laufen unter der Bezeichnung Emergency Liquidity Assistance (ELA). Die nationalen Banken verleihen Geld gegen mindere Sicherheiten. Fallen solche Sicherheiten aus, so befindet man sich im Bereich des (bequemen) Gelddruckens, ausserhalb der EZB, die an sich dafür allein zuständig ist.

Die nationalen Zentralbanken geben Kredite auch untereinander. Dabei spielte die deutsche Bundesbank eine herausragende Rolle. Ihre (Netto-)Forderungen gegenüber anderen Zentralbanken, nicht zuletzt jene der PIGS-Länder, beliefen sich Ende 2010 auf 325,5 Milliarden Euro («Finanzwoche», 8. Juni 2011). Spitzt sich die Schuldenkrise zu, sodass Rückzahlungen ausbleiben, kommen entsprechende Belastungen auf Deutschland und die dortigen Steuerzahler zu. Doch das ist nur ein Aspekt von ELA. Es ist abzusehen, dass solche Hilfen nicht, wie vorgesehen, nur vorübergehend, sondern permanent gewährt werden. Aber auch hier gilt: Damit wird zwar Zeit gekauft, die Zahlungsunfähigkeit bedrohter Länder lässt sich aber nicht mehr abwenden. Das Bankrottpotenzial ist später ungleich grösser als gegenwärtig.

In einer unbequemen Lage befindet sich die EZB. Sie sieht sich aus verschiedenen Gründen faktisch gezwungen, ihre Krisenpolitik fortzusetzen. Sollte sich die konjunkturelle Entwicklung, wie im Frühjahr 2011 zu erkennen war, weiter abschwächen oder droht gar eine zweite Rezession, so bleibt nichts anderes übrig, als die aggressive Politik niedriger Zinsen fortzusetzen und die Wirtschaft mit Geld zu überschwemmen. Davon unabhängig stellten die Banken aus der Eurozone schon seit 2010 eine schwere Belastung für die EZB dar. Diese Banken haben bisher nur dank der Refinanzierung durch die Notenbank überlebt. Die EZB sprang ein, weil die Refinanzierung über den Markt nicht gelungen ist. Hier erhalten sie keine ungedeckten Interbankenkredite. Zugleich hat die EZB den Zugang erleichtert, indem sie die Anforderungen an die Bonität von Staatspapieren herabgesetzt hat. Die EZB kann die an ihrem Tropf hängenden Banken nicht fallen lassen, denn sonst käme es zu einer Eskalation der Bankenkrise und zum Kollaps des Bankensystems zumindest in den bedrohten (peripheren) Ländern.

Es ist abzusehen, dass die Ausfälle bei der EZB beschleunigt wachsen werden. Dann braucht die EZB zusätzliches Kapital. An der Reihe sind alle Länder der Eurozone, entsprechend ihrem Kapitalanteil. Es ist so sicher wie das Amen in der Kirche: Vom Bankrott bedrohte Länder haben nicht die erforderlichen Mittel. Man wird daher erwarten, dass (noch) leistungsfähige Länder, etwa Deutschland, ihnen beispringen. In dem Masse, wie sie auf Dauer nicht dazu bereit sind, kommt die EZB unter zusätzlichen Druck. Man wird sie in die Rolle des «Zahlmeisters» drängen. Ihr bleibt letztlich nichts anderes übrig, als die Notenpresse noch zusätzlich in Anspruch zu nehmen, sich sozusagen – vorübergehend – selbst zu retten. Wie das endet, ist aus einer langen Geschichte, aus den Zeiten vor der Einführung des Euro, hinreichend bekannt. Der «krönende» Abschluss ist eine Währungsreform, dieses Mal des Euro (siehe auch S. 99 ff.).

Auswege aus der Schuldenkrise

In den letzten Jahrzehnten wurden immer wieder Programme entwickelt, wie man vom Bankrott bedrohte Länder dauerhaft sanieren kann (und muss). Selbstverständlich nicht nach «Lust und Laune» und mit «Feuerwehrübungen», sondern konsequent nach ordnungspolitischen Kriterien. Umzusetzen ist eine marktwirtschaftliche Konzeption. Ein entsprechendes Sanierungsprogramm habe ich 2010 in meinem Buch «Staatsbankrott» beschrieben. Ich möchte daher an dieser Stelle auf Wiederholungen verzichten. Es ist jedoch nützlich, auf die historische Erfahrung bei der Sanierung zurückzugreifen, um daraus Überlegungen zu den gegenwärtigen Erfolgsaussichten abzuleiten. Sehr informativ und kenntnisreich ist in diesem Kontext das Werk von Carmen Reinhart und Belen Sbrancia «The Liquidation of Government Debt» (März 2011). Die historische Erfahrung zeigt, so das Ergebnis oben genannter Publikation, dass die Staatsschulden in Prozenten des BIP (= Schuldenquote) in fünffacher Art und Weise reduziert wurden. Erstens durch wirtschaftliches Wachstum, zweitens durch fiskalische Anpassungen, sogenannte Austerity-Massnahmen; drittens über Insolvenzen oder Restrukturierung privater und/ oder öffentlicher Schulden; viertens über eine plötzlich einsetzende (und anhaltende) Inflation, fünftens eine finanzielle Repression in Verbindung mit Inflation. Die Repression erfolgte in der Vergangenheit über direkte oder indirekte Höchstwerte (caps or ceilings) für Zinssätze, insbesondere jene für öffentliche Schulden. Zudem zeigte es sich, dass die Inflation nicht überraschend auftreten muss. Sie muss auch nicht sehr hoch (Hyperinflation) sein, um Schulden zu «vernichten».

Vor dem Einsetzen der Finanzkrise 2007 erschien es als unwahrscheinlich, dass (hoch-)entwickelte Volkswirtschaften in finanzielle Schwierigkeiten geraten könnten, so wie in der Zeit vor dem Zweiten Weltkrieg. In diesen reichen Ländern war es nahezu undenkbar, dass es zur Zahlungsunfähigkeit kommen könnte. Es war auch völlig in Vergessenheit geraten, was zwischen 1945 und 1980 alles unternommen worden war, um die öffentlichen Finanzen im Griff zu behalten und die Verschuldung nicht ausufern zu lassen.

Es gehört zu den wichtigsten – und nützlichsten – Ergebnissen des sogenannten Carmen Reinhart-Papers: Zwischen 1945 und 1980 waren die realen Zinsen signifikant niedriger als zu Zeiten der freie(re)n Kapitalmärkte vor dem Zweiten Weltkrieg. In den (hoch-)entwickelten Volkswirtschaften war das während der Hälfte der genannten Periode der Fall: Die realen Zinsen waren negativ. Seit den frühen 1980er-Jahren war das nur für 15 Prozent der Zeitperiode gegeben. In Grossbritannien und den USA verminderten die negativen Realzinsen die Schuldenquote um drei bis vier Prozent im (jährlichen) Durchschnitt. Das summierte sich über die Jahre relativ rasch auf 30 bis 40 Prozent am BIP. In Ländern mit rekordhafter Inflationsrate war der «Liquidationseffekt» der Staatsschulden noch erheblich grösser. Ferner ging aus einer Untersuchung von 28 Ländern hervor, dass in 21 Fällen die Inflation während des Schuldenabbaus höher war. Um es auf den Punkt zu bringen: Die (höhere) Inflation ist ein hilfreiches Mittel, um den Schuldenabbau voranzutreiben, zulasten der Schuldner. Das ist zwar nicht neu, aber es ist wichtig, diese Tatsache nicht aus den Augen zu verlieren.

Die verschiedenen Möglichkeiten, die Schuldenquote nachhaltig zu senken, können jeweils kombiniert werden, um einen noch positiveren Effekt zu erzielen. Hier stellt sich nun die entscheidende Frage: Mit welchen der zur Auswahl stehenden Alternativen ist es möglich, die aktuelle Schuldenkrise so in den Griff zu bekommen, dass weitere Staatsbankrotte in letzter Minute abgewendet werden können?

1. Niedrige, noch besser negative Realzinsen waren früher wirksam, um Schuldenquoten nachhaltig zu verringern. Hier ist aber seit der Finanzkrise 2007 kaum noch Spielraum vorhanden, denn die (nominellen) Zinsen waren in den letzten Jahren auf einem rekordtiefen Niveau – und sind es heute noch. Die Inflation war zwar eher moderat, sie hatte aber in den (hoch-) entwickelten Volkswirtschaften negative Realzinsen zur Folge. Das reichte jedoch keineswegs aus, um die rasche Expansion der Schuldenquoten fühlbar zu bremsen. Es ist davon auszugehen, dass die (Leit-)Zinsen zumindest vorübergehend niedrig bleiben. Steigende Zinsen würden nämlich die konjunkturelle Entwicklung bremsen und die Zinsbelastung der öffentlichen Haushalte anheben. Das Fazit lautet: Von der Zinsfront ist kein substanzieller Beitrag zur Überwindung der Schuldenkrise zu erwarten. Bedrohte Länder sehen sich ausserdem nicht erst heute mit hohen – und weiter steigenden – Zinsen konfrontiert, um sich (re)finanzieren zu können. Eine Entspannung ist nicht in Sicht, denn es kommt sozusagen laufend zu Herabstufungen der Bonität bedrohter Länder durch internationale Ratingagenturen. Das treibt die Zinsen auf alte und neue Staatsschulden nach oben und ist demnach kontraproduktiv.

2. Anhaltend rasches wirtschaftliches Wachstum war und ist stets ein willkommenes Hilfsmittel, um Schuldenquoten nachhaltig abzubauen. So war es vor allem während des langfristi-

gen Aufstiegs in der Nachkriegszeit (der erwähnte Kondratieff-Zyklus) bis zum Einbruch ab 1974 (und bis 1983). Vom wirtschaftlichen Wachstum her kamen danach kaum Impulse (per saldo). Dementsprechend blieben die öffentlichen Einnahmen zurück, während Staatsausgaben und Schulden – defizitbedingt – kräftig expandierten. Was die Zukunft betrifft, so ist daran zu erinnern, dass Krisen erfahrungsgemäss rund zehn Jahre dauern (S. 45 ff.), demnach von 2007 aus grob gerechnet bis 2017. Zur Besorgnis Anlass gibt auch der typische Verlauf des fünften Kondratieff-Zyklus, der 1983 einsetzte (S. 50 ff.). Das kritische Jahr ist demzufolge 2012. Setzt sich der Kondratieff-Zyklus entsprechend seinem historischen Muster fort, so beginnt die eigentliche Krise erst dann und dauert über das Jahr 2020 hinaus an. Von der wirtschaftlichen Dynamik her ist folglich auf längere Sicht kein Rückenwind für die Bewältigung der Schuldenkrise zu erwarten. Im Gegenteil: Die Schuldenkrise würde sich bei einem solchen Szenario verschärfen und in eine Banken- und Finanzkrise führen.

3. Die historische Erfahrung zeigt ferner: Die Staatsschulden konnten jeweils über eine hohe und steigende Inflation entwertet, die Lasten so dauerhaft gesenkt werden. Zu einer Hyperinflation kam es aber fast ausschliesslich in Kriegszeiten, in denen ein akuter Mangel an Gütern herrschte. Unter massiven Druck gerieten in der Nachkriegszeit jene Länder, die den Krieg verloren hatten (z. B. Deutschland): Sie erlebten eine Nachkriegsdepression. In dieser Zeit wurde der Staatshaushalt allem voran über die «Notenpresse» finanziert. Es kam zu einer Hyperinflation und einer anschliessenden Währungsreform.

In der laufenden Schuldenkrise haben wir es nicht mit einem kriegsbedingten Sonderfall, sondern mit einem «Normalfall» zu tun. Es gibt keinen (akuten) Mangel an Gütern, keine Engpässe in der Produktion. Daher kann sich die aufgeblähte Geldmenge nicht in anhaltend steigenden Preise entladen. Zwar besteht ein grosses Inflationspotenzial, es schafft aber noch nicht den Durchbruch.

Seit dem Einsetzen der Finanz- und der darauffolgenden Schuldenkrise ist eine intensive Diskussion im Gang: Inflation oder Deflation – das ist die zentrale Frage. Solange die derzeitige Krise nicht durchgestanden ist, ist keine «hilfreiche» Inflation zur Linderung und «Vernichtung» von Staatsschulden zu erwarten. In jenen Ländern, die unmittelbar vom Staatsbankrott bedroht sind, käme eine (hohe) Inflation ohnehin zu spät. Es ist daher nur folgerichtig, dass man jede Hoffnung fahren lassen muss, dass die Inflation in den nächsten drei bis fünf Jahren die Schuldenkrise entscheidend entschärfen kann. Zudem ist nicht auszuschliessen, dass sich eine Deflation, verbunden mit wirtschaftlicher Stagnation, durchzusetzen vermag.

4. Der wünschenswerte «Normalfall» ist die Sanierung der Staatsfinanzen mit dem Ziel, die (jährlichen) Defizite rasch abzubauen, um zu einem ausgeglichenen Budget zu gelangen. Das nächste Ziel sind nachhaltige Budgetüberschüsse, um Schulden zu tilgen, die Schuldenquote zu senken. Meistens kommt eine Kombination von Steuererhöhungen und Ausgabensenkungen zum Zuge. Um den notwendigen «Mengeneffekt» zu erzielen, ist bei «ergiebigen», das heisst allgemeinen Steuern anzusetzen. An erster Stelle steht die Mehrwertsteuer. Danach ist die Einkommenssteuer natürlicher Personen an der Reihe, dies bestenfalls verbunden mit einer durchgehenden linearen Anhebung der Steuersätze, unvermeidlich auch in den unteren und breiten Einkommensschichten. Auf der Ausgabenseite ist bei den Perso-

nalausgaben, Subventionen und Sozialausgaben anzusetzen. Wenn überhaupt, so werden am ehesten lineare Kürzungen, genannt die «Rasenmäher-Methode», akzeptiert. Am stärksten ist der Widerstand bei Leistungen, die indexiert sind, also der jährlichen Teuerung angepasst werden, sowie in den unteren Einkommensschichten. Es ist realistischerweise davon auszugehen, dass Sanierungsauflagen, die der IWF oder die EU oder andere Stellen bedrohten Ländern machen, nicht den gewünschten Erfolg haben werden. Vielmehr dürften solche Massnahmen am «Aufstand der Massen» weitgehend scheitern (S. 149 ff.).

5. Haben die bisher geschilderten Massnahmen nicht den gewünschten Erfolg, so kommt es zur Zahlungsunfähigkeit. Schulden werden nicht refundiert, also erneuert, wenn sie auslaufen. Und weiter: Die Zinsen auf die Staatsschuld bleiben aus. Das bezeichnet man als Moratorium. Selbstverständlich muss dann sofort und radikal gehandelt werden. Ein kontrollierter, nicht chaotischer Ablauf läuft in der Regel nach einem altbekannten Muster ab: Erstens erfolgt eine Umschuldung, mit oder ohne Verhandlungen mit den Gläubigern, meist Banken. Die Laufzeiten von Anleihen und anderen Schulden, z. B. Bankkredite, werden sodann erstreckt, und zwar von meist kurzfristig auf mittel- und vor allem langfristig. Konkret kann eine solche Frist bis zu 20 oder gar 30 Jahren betragen. Die Zinsen (Renditen) werden des Weiteren massiv gesenkt und «eingefroren». Zweitens kommt es – nicht selten zeitgleich – zu einem Schuldenerlass. Er muss so ausfallen, dass eine massive Entlastung eintritt. Die entsprechenden Abschreibungen sind mit einschneidenden Konsequenzen für die Gläubiger, Besitzer von Anleihen und (andere) Kreditgeber verbunden. Dies gilt auch für Banken und Versicherungen, die solche Ausfälle versichert haben.

Um vorübergehende Liquiditätsengpässe zu überbrücken und die Zahlungsfähigkeit wiederherzustellen, sind «bankrotte» Länder auf «Liquiditätsspritzen» (fresh money) angewiesen. Sie stammen in der Regel vom IWF, doch erlässt dieser drastische Auflagen in Bezug auf Steuererhöhungen und/oder Ausgabensenkungen. Gelingt es insolventen Ländern nicht, mittelfristig wieder auf die Beine zu kommen, vor allem zu einem Wachstumskurs zurückzufinden, so droht der unmittelbare Staatsbankrott. Er kann durchaus wie ein Blitz aus heiterem Himmel kommen und chaotisch ablaufen. Jene Länder, die über eine eigene Währung verfügen, nehmen nicht selten Zuflucht zu einer Währungsreform, um ihre Schulden radikal abzubauen, zu «vernichten».

Nur die Spitze des Eisbergs

Die Öffentlichkeit steht ausschliesslich unter dem Eindruck der staatlichen Schuldenkrise. Zu berücksichtigen sind aber unbedingt auch andere Schulden, etwa von privaten Unternehmen. In den ersten Jahren der Finanzkrise ab 2007 mussten Staat und Zentralbanken nicht nur in den USA, sondern auch in Europa massiv zu Hilfe eilen, um nicht nur (Gross-)Unternehmen aus der Finanzindustrie vor dem Kollaps zu retten. In hohem Ausmass sind auch private Haushalte verschuldet, so in Form von Konsumkrediten und Hypotheken zu Lasten von Immobilien. Dies war auch in der «Subprime-Krise» das zentrale Problem. Darüber hinaus sind seit den 1990er-Jahren die «versteckten» impliziten (Quasi-)Staatsschulden ein Dauerthema. Es geht vor allem um die Sozialversicherung(en), davon besonders um die gesetzliche

Rentenversicherung, also die kollektive Vorsorge. Zahlenangaben existieren für alle Bereiche der Verschuldung und demnach für die «Gesamtschulden» einzelner Länder. Es sei an dieser Stelle noch einmal auf mein Buch «Staatsbankrott» von 2010 verwiesen. Die Quintessenz lautete: Die Staatsschulden sind nur die Spitze des Eisbergs. Zwar gibt es substanzielle Unterschiede zwischen einzelnen, näher untersuchten Ländern, aber allein die «Quasi-Staatsschulden» belaufen sich auf ein Vielfaches der offen ausgewiesenen (expliziten) Staatsschulden. Das ist Grund genug, sich erneut und in groben Zügen mit ihnen zu befassen, denn von dort kommen in wachsendem Ausmass Forderungen auf die staatlichen Haushalte zu.

Sozialversicherungen werden nach dem Umlageverfahren finanziert, die jährlichen Ausgaben sind durch entsprechende Einnahmen gedeckt. Hier wurden seit Jahrzehnten Leistungen versprochen, die langfristig nicht durchfinanziert sind. Es liegt eine (gewaltige) Finanzierungslücke vor. Das Problem wurde zwar schon in den 1970er-Jahren erkannt, fundamentale Reformen sind aber bis heute ausgeblieben. Das Ausmass der Finanzierungslücke hängt unter anderem von der demografischen Entwicklung, den künftigen Leistungen und vom wirtschaftlichen Wachstum ab. Besorgniserregend ist zudem die Verschlechterung zwischen aktiver (arbeitender) und passiver (nichtarbeitender) Bevölkerung. Nicht zuletzt ist zu beachten, dass auf Dauer nur so viel (um-)verteilt werden kann, wie man produziert. Erfahrungsgemäss ist die Verschuldung, von Investitionen abgesehen, eine Wachstumsbremse. Je höher die Verschuldung ist, desto mehr leidet die wirtschaftliche Dynamik, was die Verschuldung wiederum entsprechend verschärft.

Es reicht aber nicht aus, nur die gesetzliche Altersvorsorge zu berücksichtigen. Letztlich sind alle Träger der sozialen Sicherheit auf künftige Finanzierungslücken abzuklopfen: die Arbeitslosen-, die Unfall- und die Krankenversicherung ebenso wie die private Vorsorge, insbesondere die Pensionskassen. Letztere operieren bekanntlich nicht nach dem Umlage-, sondern nach dem Kapitaldeckungsverfahren. Ihre Anlagen sind aber auf Gedeih und Verderb der Entwicklung der (globalen) Finanzmärkte ausgesetzt.

Der Wohlfahrtsstaat zeichnet sich in Europa durch einen gefährlichen Trend aus. Defizite werden hier zunehmend durch staatliche Zuschüsse abgedeckt. Damit kann man zumindest vorübergehend höchst unpopuläre Beitragserhöhungen vermeiden. Letztere werden in der Regel als ungerecht, unsozial oder gar skandalös gebrandmarkt. Die zunehmende Finanzierung über den Staatshaushalt kann nicht ohne Auswirkungen bleiben. Die staatlichen Defizite und der Schuldenstand steigen, auch in Prozenten des BIP. Im Zuge dieser Entwicklung nimmt der Anteil der Zinszahlungen an den Einnahmen zu: Eine Analyse der Ausgaben der öffentlichen Hand zeigt, dass Zinszahlungen, Zuschüsse an Sozialversicherungen und Pensionen an (ehemalige) Staatsbeamte nicht selten schon die Hälfte der Steuereinnahmen absorbieren. Dabei bleibt immer weniger übrig, um andere zentrale Staatsaufgaben zu finanzieren, auch den Unterhalt, den Ersatz und den Ausbau der Infrastruktur. Dabei verschlechtern sich die Vorbedingungen wirtschaftlichen Wachstums, was sich negativ auf die Einnahmen der öffentlichen Haushalte und der Sozialversicherungen auswirkt: Auf der anderen Seite tendieren die Ausgaben im Allgemeinen und die Sozialausgaben im Besonderen immer rascher nach oben: Man hat es im Wohlfahrtsstaat mit dem brühmten «Fass ohne Boden» zu tun. Es ist absehbar, dass die Grenzen der Finanzierung nicht nur erreicht, sondern bereits überschritten werden. Bleiben radikale Sanierungsmassnahmen aus, so ist der Staatsbankrott leider unvermeidbar.

Wie geht es weiter?

Der Trend zu mehr Schulden setzt sich ungebremst fort, sowohl in den USA als auch in Japan und in Europa. Hier türmen sich Schulden im Rahmen des Rettungs- und ab 2013 des Stabilitätsfonds in atemberaubendem Tempo auf. Man unternimmt alles, um die Zahlungsunfähigkeit von Ländern zu verhindern. Bis 2011 waren es Griechenland, Irland und Portugal. Ab 2012 kann es sich um Belgien, Spanien und Italien handeln. Bei grossen Ländern reichen die Rettungsaktionen in Dimensionen hinein, welche die Rettungsschirme sprengen. Man wird daher zusätzliche Mittel bereitstellen (müssen), um zunächst das Schlimmste zu verhüten. Die Folgen wären anderenfalls das Platzen der Schuldenblase, Crashs an den Finanzmärkten und eine schwere jahrelange Rezession oder gar eine Depression. Wir erinnern uns an die Gesetzmässigkeiten des Kondratieff-Zyklus. Man kann in diesem Zusammenhang nicht oft genug betonen: Der Trend steigender impliziter Staatsschulden setzt sich fort, wird sich demnächst gar beschleunigen. Der Wohlfahrtsstaat ist auf dem Weg, zum «Albtraum» für die öffentlichen Finanzen zu werden. Da Sozialleistungen eine «heilige Kuh» sind, wird man sich davor hüten, «wohlerworbene» Rechte des Einzelnen anzutasten. Damit ist in der Regel vorgezeichnet, dass man den Weg des geringsten

Widerstandes gehen und sich verschulden wird, um die Finanzierungslücken der Sozialwerke und im Gesundheitswesen zu stopfen.

Die historisch rekordtiefen Zinsen liegen seit 2007/08 auf historischem Rekordtief, grob gesagt, ist die Null-Zins-Politik zum einen für den Einsatz der Ressourcen (Allokation) je länger, desto mehr volkswirtschaftlich kontraproduktiv. Zum anderen ist es notwendig und nützlich, sich mit dem Szenario nachhaltig anziehender Zinsen zu befassen. Der 25- bis 30-jährige Zinszyklus, der in den 1980er-Jahren begann, kriecht schon seit Jahren dem Boden entlang. Von hier aus gibt es nur eine Richtung: nach oben. Im Zuge dieser Entwicklung nehmen die Zinsbelastungen der öffentlichen Haushalte «explosiven» Charakter an: Vor allem von schnell wachsenden Schulden bedrohte Länder gelangen bald an die Grenzen der Zahlungsfähigkeit. Ziehen die Zinsen nachhaltig an, so wird die (Super-) Blase an den Bond- bzw. Anleihemärkten platzen. Brechen die Dämme, so ist die Überflutung nicht mehr aufzuhalten: Es kommt zu einem verheerenden Dominoeffekt, nämlich zu Staatsbankrotten in dichter Folge.

10 Aufstand gegen Sanierungen

Ein vorläufiger Indikator für das, was in den nächsten Jahren – eskalierend – zu erwarten ist, sind die Reaktionen der Bevölkerung auf Auflagen von IWF und EU-Institutionen zur Sanierung der maroden Staatsfinanzen in Griechenland: gewalttätige Demonstrationen, Generalstreiks und bürgerkriegsähnliche Zustände, vor allem in Athen. Trotzdem genehmigte das griechische Parlament die unbedingt notwendige Sparpolitik, sodass die Zahlungsunfähigkeit vorläufig abgewendet werden konnte. In Irland fielen die Proteste milder aus, das «Sparpaket» nahm die parlamentarische Hürde. Die Immobilien- und Bankenkrise geht hier aber weiter, die Sanierung steckt erst in den Anfängen. In Portugal war die Auflehnung gegen einschneidende Sparmassnahmen zaghafter als in Griechenland. Nach den Wahlen blieb der Regierung aber nichts anderes übrig, als den Sparkurs fort- und durchzusetzen. Heftig demonsriert wurde in Spanien, wo ebenfalls massiv gespart werden muss, um die Zahlungsunfähigkeit abzuwenden. In Grossbritannien stiessen die Reformmassnahmen der konservativ-liberalen Regierung auf hartnäckigen Widerstand. Die Regierung machte Abstriche, um nicht empfindlich an Popularität einzubüssen.

Vielsagend sind die Schlagzeilen, die in diesen und anderen Ländern in den Massenmedien zu lesen waren und sind: Der

Staat geht mit Gewalt gegen die eigene Bevölkerung vor. Damit zerstöre er den «sozialen Frieden», sorge für politische Destabilisierung und gefährde den inneren Zusammenhalt. Offensichtlich wird hier übersehen, dass demokratisch legitimierte Regierungen aktiv werden, um marode Staatsfinanzen zu sanieren und den drohenden – sofortigen oder späteren – Staatsbankrott abzuwenden. Jede Regierung hat die verfassungsmässige Aufgabe, für «Ruhe und Ordnung» zu sorgen, den Rechtsstaat vor «feindlichen Angriffen» zu schützen. Zudem haben die Wählerinnen und Wähler die Möglichkeit, eine ihnen nicht genehme Regierung bei der nächsten Parlamentswahl abzuwählen.

Organisierte Verantwortungslosigkeit

Sanierungsmassnahmen stossen auch deshalb rasch an Grenzen, weil das wohlfahrtsstaatliche Denken und Handeln zur allgemeingültigen Norm geworden ist. Nicht wenige erwarten vom Staat die Lösung aller ihrer Probleme. Dieses totale Anspruchsdenken hat längst die Eigenverantwortung des Indiviuums verdrängt und wurde durch organisierte Verantwortungslosigkeit abgelöst. In einem solchen «Klima» erstaunt es nicht, dass Sanierungsmassnahmen als ungerecht, unsozial und brutal empfunden und bezeichnet werden. Man erblickt im Staat zunehmend einen «Feind», der zu bekämpfen ist. Ob es dazu eine valable Alternative gibt, namentlich die soziale Marktwirtschaft anstelle des Wohlfahrtsstaates, interessiert immer weniger.

Als Indikator, wie man anderswo mit Forderungen an den Staat umgeht, ist Island anzusehen. Der isländische Staat war an den Rand der Zahlungsunfähigkeit geraten, weil er die Banken verstaatlichen musste, um diese vor der Pleite zu retten. Die Banken hatten sich mit sehr hohen Spareinlagen von Ausländern, vor allem aus den Niederlanden und Grossbritannien, übernommen. Darauf wurden rekordhohe Zinsen bezahlt. Als die isländische Krone aufgrund einer Spekulationsblase zusammenbrach, waren die Banken überfordert. Mit ihrer Verstaatlichung gingen die Forderungen auf den Staat über. Zwar erklärte sich das Parlament bereit, ausländische (Bank-)Kunden zu entschädigen, das isländische Volk war dazu aber nicht bereit. Es ergriff erfolgreich das Referendum. Man war nicht geneigt, für das Versagen der (eigenen) Banken einzustehen. Das kann auch anderswo passieren, wenn man Volksabstimmungen über Sanierungsmassnahmen durchführt. Ein «Nein» hat weitreichende Konsequenzen: Nach menschlichem Ermessen bleiben Hilfen von IWF und/oder EU aus. Die Zahlungsunfähigkeit ist nicht abzuwenden: Davon sind die Gläubiger, nicht zuletzt Banken betroffen. Wird (auch) ihnen die erforderliche Staatshilfe verweigert, so bricht eine schwere Bankenkrise aus, die ausser Kontrolle geraten kann.

Sanierungsmassnahmen sind alles andere als beliebt und politisch immer weniger zu «verkaufen». In Europa gewinnen jene politischen Parteien rasch an Gewicht, die sich gegen die Sparpolitik im weitesten Sinne des Wortes wenden. Man argumentiert unter anderem mit dem Ausverkauf von «nationalem Besitz», so die «Telekom», die Energieversorgung, Handelsflotten, Fähren und Häfen, Fluggesellschaften sowie die Eisenbahn. Diese würden privatisiert und an ausländische Unternehmen verkauft. Man befürchtet Massenentlassungen, die erforderlich sind, um der Rentabilität solcher Unternehmen zum Durchbruch zu verhelfen. Im Brennpunkt stehen gegenwärtig südeuropäische Länder, die – vom Staatsbankrott bedroht – auf Hilfe angewiesen sind. Eine ähnliche Entwicklung ist – verzögert – in anderen europäischen Ländern zu erwarten, die auf die Zahlungsunfähigkeit zusteuern. Gelangen Anti-Sanierungs-Parteien über (Neu-)Wahlen an die Macht, so ist es um die Sanierungspolitik geschehen.

In den «Geberländern» ist – mit umgekehrten Vorzeichen – ein anderer Trend zu beobachten. Hier realisieren die Steuerzahler zunehmend, welche Steuer- und/oder Schuldenlasten auf sie zukommen, die von der Finanzierung des Rettungsschirms und des Stabilitätsfonds (ab 2013) stammen. Faktisch geht es dabei um Euro-Bonds mit gemeinschaftlicher (EU-) Haftung. Es handelte sich nicht um «Peanuts», sondern 2011 um dreistellige Milliardenbeträge: Diese Entwicklung steckt erst in den Anfängen und wird zukünftig eskalieren. Man darf daher nicht erstaunt sein, dass in den Geberländern jene Parteien im Aufwind sind, die sich gegen die Hilfen und ihre Finanzierung wenden. Sie haben sogar guten Grund dafür, denn der Maastricht-Vertrag sieht vor, dass kein EU-Land für die Schulden eines anderen Landes einzuspringen hat. Dies besagt die sogenannte No-Bail-out-Klausel.

Zu nennen ist zu diesem Aspekt beispielhaft Deutschland. Dort finden im September 2013 Bundestagswahlen statt. Es kann nicht ausbleiben, dass vorher kontrovers über die Rolle Deutschlands als «Financier» laufender und künftiger Rettungsmassnahmen diskutiert wird. Die schwarz-gelbe Koalition hat dabei keine guten Karten, sie läuft Gefahr, die Wahlen zu verlieren. Doch was auch geschehen mag, kommt eine rot-grüne Koalition oder gar eine Ergänzung durch die Linkspartei zum Zuge, so ist gesichert: Das Schuldenmachen wird fröhliche Urständ feiern.

In Turbulenzen unterwegs

Es ist abzusehen, dass die laufende Schuldenkrise in immer umfassendere politische Turbulenzen münden wird. Was sich dabei abspielt, kann hier nur grob skizziert werden. Unter dem anhaltenden Druck der Strasse, man nennt dieses Phänomen auch Mob-Demokratie, nehmen Regierungen Sanierungsmassnahmen zurück, um weiter regieren, die Abwahl vermeiden zu können: Die Schuldenkrise eskaliert. Bleiben Regierungen aber hart, zeigen sie sich kompromisslos, so riskieren sie durch «Abtrünnige» aus den eigenen Reihen zu Fall gebracht zu werden. Kann die Opposition auf genügend «Überläufer» zählen, so gelingt ihr der Regierungswechsel. Ist es dann um Rettungsmassnahmen für andere EU-Länder geschehen, so brechen die Dämme: Als Dominoeffekt sind dann Staatsbankrotte in dichter Folge nicht mehr auszuschliessen. In einer derart extremen Situation könnte dann Chaos ausbrechen, die staatliche Ordnung könnte untergehen. Um solches zu vermeiden, ist dann eine Regierung der nationalen Einheit, bestehend aus allen staatstragenden Parteien, unverzichtbar.

Nicht zu übersehen ist auch der Trend, dass die grossen Volksparteien, namentlich die politische Mitte, an Kraft verlieren und immer mehr von extremen Parteien von links oder rechts be- und verdrängt werden. Die grösste Gefahr geht von rechts aus. Hier spielt der Nationalismus eine wachsende Rolle. Dieser wendet sich gegen alles und jedes, was als «ausländisch» empfunden wird: so unter anderem gegen die EU, den IWF und den Euro. Man beklagt den Verlust an Souveränität: Man sei immer weniger «Herr im eigenen Haus». Das kommt bei vielen Wählerinnen und Wählern besonders in Krisenzeiten gut an. So nicht nur in jenen Ländern, die auf Hilfe aus dem Ausland angewiesen waren und sind, um ihre Zahlungsunfähigkeit abzuwenden, sondern auch in zahlreichen anderen.

Die Zeitbombe tickt

Aufgrund der geschilderten Trends steht fest: Die Schuldenkrise spielt sich auf einem politischen «Minenfeld» ab. Der Widerstand gegen Sanierungsmassnahmen, wie sie vom IWF und von der EU verlangt werden, ist auf dem Wege zu eskalieren. In jenen Ländern, welche die Lasten von Hilfsmassnahmen tragen sollen, nimmt der Widerstand ebenfalls zu. Zwar haften alle EU-Länder für die Schulden des Euro-Rettungsschirms und des Stabilitätsfonds, aber nicht wenige unter ihnen, so etwa Italien und Spanien, stehen mit dem Rücken zur Wand: Sie fallen als «Lastenträger» aus. Alle blicken in Richtung Deutschland: Man erwartet offensichtlich, dass vornehmlich die Deutschen zum «Zahlmeister» werden. Die Mehrheit der Wähler würde das allerdings nicht goutieren. Das finanzielle Desaster des Rettungs- und Stabilitätsfonds kann daher nicht ausbleiben.

Und nicht zuletzt: Länder, die unter wachsendem Einfluss von rechtsextremen, nationalistisch orientierten Parteien stehen, werden sich künftig nicht dem «Diktat» des Auslandes beugen. Sie zögern nicht, die Zahlungsunfähigkeit offiziell zu verkünden, um auf diesem Weg ihre Schulden loszuwerden. Ein Dominoeffekt ist spätestens dann durch nichts mehr aufzuhalten. Es bricht, vor allem in Europa, eine Banken-, Finanz-

und Wirtschaftskrise unvorstellbaren Ausmasses aus. In einem solchen Umfeld wittern jene Morgenluft, denen der bürgerliche Staat, die kapitalistische Wirtschaft, ethnische Minderheiten und als «Sozialschmarotzer» denunzierte Mitbürger ein Dorn im Auge sind. Diese Gruppierungen proben den Aufstand, schrecken womöglich nicht vor einem Bürgerkrieg zurück und verbinden sich mit rechtsnationalen, konservativen Parteien, um durch demokratische Wahlen an die Macht zu gelangen. Europa steht folglich in den kommenden Jahren vor einer historischen Herausforderung mit ungewissem Ausgang.

11   (Ab-)Sicherungen brennen durch

Ein (zu) lange vernachlässigtes Problem sind die «versteckten Risiken». Es geht um die Versicherung unter anderem von Krediten an Unternehmen, Hypotheken, Anleihen (Bonds) privater Unternehmen, staatlichen Körperschaften und zahlreichen «Finanzprodukten». Das läuft unter der Bezeichnung Asset Backed Securitie (ABS). Solchen Produkten sind z.B. Hypotheken unterlegt. Das herausragende Beispiel sind «marode Hypotheken» aus den USA, die auf den Markt kamen. Daraus ging 2007 die Subprime-Krise hervor. Und nicht zuletzt: Solche und andere Produkte werden von – meist amerikanischen – Ratingagenturen bewertet. Die Warnungen kommen in der Regel zu spät, nicht selten unmittelbar vor dem Desaster.

Versicherungen gegen «Ausfälle» aller Art, als Credit Default Swaps (CDS) bekannt, werden vor allem von Investmentbanken, aber auch von Versicherungen selbst und Finanzgesellschaften an die entsprechenden Märkte gebracht. Gehandelt werden sie ausserbörslich, das heisst «over the counter» (OTC), bei den Emittenten selbst oder an einem «gemeinsamen» Markt der (16) grossen Investmentbanken. Es ist bislang nicht geregelt, wie viel Eigenkapital diesen CDS zu unterlegen ist. Es herrscht ferner keine ausreichende Transparenz über die Abwicklung der Geschäfte.

Der CDS-Markt ist so lange ein lukratives Geschäft, bis substanzielle «Ausfälle» ausbleiben, für die man aufzukommen hat. Stellen sich aber anhaltende Turbulenzen ein, so ist nicht zu vermeiden, dass der eine oder andere Versicherer überfordert ist, zahlungsunfähig wird. Im Laufe der Immobilien- und Finanzkrise ab 2007 kam es zu zwei gravierenden, spektakulären «Unfällen». Die weltgrösste Versicherung, die amerikanische American International Group (AIG), hatte sich mit Subprime-Hypotheken übernommen. Am 17. September 2008 schoss die US-Notenbank (Fed) 85 Milliarden Dollar in die AIG ein, um den Konkurs abzuwenden. Es folgten weitere Hilfen. Die AIG hat sich dennoch bisher nicht erholt. Der zweite «Unfall» war die amerikanische Investmentbank Lehman Brothers, die im September 2008 Konkurs anmeldete. Sie hatte sich mit der Emission von «zweifelhaften» Papieren übernommen. Ihre «Produkte» waren mit dem Gütesiegel der Ratingagenturen weltweit vertrieben worden: Dementsprechend mussten private und institutionelle Anleger herbe Verluste in Kauf nehmen. Das bildete den Auftakt zum Crash vom Oktober 2008. Es handelt sich um den schwersten Einbruch an den Finanzmärkten seit 1931.

Als die Schuldenkrise im Frühjahr 2010 ausbrach, wurde man sich der Risiken bewusst, die sich hinter den CDS auf Staatsanleihen verbergen. Dabei ging es nicht nur um Griechenland, sondern auch um Portugal, Irland und Spanien (die sogenannten PIGS-Länder). Die «Schweizer Bank» machte auf die Problematik aufmerksam (1. Mai 2010). Ab 2008 erhöhte sich der Anteil vermeintlich sicherer Staatsanleihen in den Bankbilanzen von 4 auf 19 Prozent. An der Spitze lagen griechische und spanische Banken mit 53 bzw. 42 Prozent. Das noch weit grössere Problem sind die CDS auf Staatsanleihen, die von europäischen Banken emittiert wurden. Es geht um Grössenordnungen von 70 bis 100 Prozent der Bilanzen, wenn die CDS fällig würden. Die auszubezahlenden (Nominal-)Beträge beliefen sich zum Beispiel bei der UBS auf 1320, diejenigen der Credit Suisse auf 1278 und der Deutschen Bank auf 2225 Milliarden Franken.

Zwar lassen sich CDS-Positionen untereinander verrechnen – man nennt das «netting» –, aber das funktioniert nur zwischen Banken einigermassen. Zudem funktioniert es nur so lange, als keine «Gegenpartei» ausfällt. Operiert man, wie unter anderem Hedgefonds, mit einseitigen CDS-Positionen, so ist man extrem gefährlich exponiert, denn der Ernstfall kann in hoch verschuldeten Ländern sozusagen jederzeit eintreten. Jener Betrag, der im Pleitefall fällig würde, ist bei den europäischen Banken nur mit 0,7 bis 2 Prozent am Eigenkapital unterlegt. Unter solchen Voraussetzungen reichen schon 1 bis 2 Prozent platzende und nicht «genettete» CDS aus, um das ganze Eigenkapital der Grossbanken aufzubrauchen. Banken und andere Player der Finanzindustrie, die mit solchen Positionen an CDS operieren, sitzen daher auf einer tickenden Zeitbombe.

So weit konnte es nur kommen, weil die CDS bei der öffentlichen Verschuldung und der Vergabe von Krediten einen Fehlanreiz geben. Je mehr man bei der Emission, dem Handel und beim Anlegen in Staatsanleihen verdienen kann, desto mehr engagiert man sich hier: Da man sich absichern kann, betreibt man ein Spiel, das zunächst keine Grenzen kennt. Es winken nicht nur hohe, sondern auch steigende Renditen: am höchsten bei Anleihen der schlechtesten Qualität. Unter solchen Voraussetzungen darf es nicht verwundern, dass marode

Länder wie Griechenland, Irland, Portugal, Spanien und weiter Belgien und Italien keine Mühe haben, neue Anleihen am Markt zu platzieren und Kredite zu erhalten. Entsprechend nimmt das Pleitepotenzial zu, eskaliert unter Umständen sogar. Wenn auch noch der IWF im Ernstfall zusammen mit EU-Institutionen einspringt, um die Zahlungsunfähigkeit abzuwenden, so haben Schuldner und Emittenten keinen Grund, sich zurückzuhalten. Dabei wird das (marktwirtschaftliche) Verursacherprinzip auf den Kopf gestellt. Jene, die für die Schuldenkrise verantwortlich sind, werden (noch) nicht zur Kasse gebeten: Die Kosten werden auf die Steuerzahler noch leistungsfähiger Länder, dominant Deutschland, ausgelagert (externalisiert).

Seit dem Ausbruch der Schuldenkrise ist eine gigantische Spekulation mit CDS im Gange. Daran beteiligt sind herausragend Investmentbanken und Hedgefonds. Letztere sind insofern einseitig engagiert, als sie selbst keine CDS emittieren. Sie profitieren voll von steigenden CDS-Kursen. Auch sind Fremdmittel nahezu ausschliesslich im Einsatz, man riskiert kaum Eigenmittel. Seit dem Ausbruch der Schuldenkrise haben sich die Versicherungsprämien für fünfjährige Staatsanleihen bis 2011 explosionsartig entwickelt («The Elliot Wave Financial Forecast», 1. April 2011), so insbesondere für griechische, spanische, portugiesische und irische Staatsanleihen. Die Verteuerung bewegt sich zwischen dem Doppelten und dem Dreifachen des Niveaus vor der Krise. Es ist sozusagen ein gefundenes Fressen für die CDS-Spekulanten.

Im März 2011 sickerte durch, dass die europäischen Regulatoren den Besitz von CDS auf jene beschränken wollen, welche die zugrunde liegenden Zinspapiere auch besitzen. Das erklärte

Ziel ist, die Spekulation auf einen Zahlungsausfall in die Schranken zu weisen. Im Mai berichtete die Presse, dass die EU ein Verfahren eröffnet habe, um abzuklären, ob der CDS-Markt von einem Kartell dominiert und manipuliert werde. Ins Visier wurden 16 Investmentbanken genommen. Vor allem amerikanische, aber auch europäische wie die Credit Suisse, die Deutsche Bank und die UBS. Die Regulatoren interessieren sich aber auch für die Vorgänge am ausserbörslichen (OTC) Markt für Optionen auf CDS. Es handelt sich um ein geradezu boomendes (Spekulations-)Geschäft. Im März 2011 berichtete die (amerikanische) Citigroup, das wöchentliche Handelsvolumen an Optionen auf CDS (und anderen Kreditpapieren) belaufe sich auf fünf Milliarden US-Dollar. Offensichtlich ist auch hier ein «Spiel ohne Grenzen» im Gange.

Im Juni 2011 belief sich das Bruttovolumen aller CDS gemäss einer Mitteilung der US-Clearingstelle DTCC weltweit auf knapp 16 000 Milliarden US-Dollar. Doch das war lediglich ein Zwischenstand, denn die Verschuldung ging ungebremst weiter. Sie wird sich weiter fortsetzen, und das ausdrücklich in Prozenten des BIP. Es ist davon auszugehen, dass das CDS-Volumen in neue Dimensionen vorstossen wird. Damit verbindet sich die zentrale Frage, unter welchen Voraussetzungen CDS ausgelöst und entsprechende Zahlungen fällig werden. Das wurde von der Internationalen Vereinigung der Derivatehändler (ISDA) in einem Dokument von 84 Seiten geregelt. Letztlich entscheidet die ISDA, was zu geschehen hat. Sie ist sozusagen die «CDS-Regierung» («Handelszeitung», 30. Juni 2011). Entscheidend ist die Frage, wann CDS ausgelöst werden. Eine «freiwillige Umschuldung», ein Transfer von alten zu neuen (Nachfolge-)

Obligationen ist kein Ausfall (Default). CDS werden nicht fällig. Die «Freiwilligkeit» bezieht sich nicht nur auf eine Umschuldung, sondern auch auf einen entsprechenden Schuldenerlass.

Es ist allerdings wirklichkeitsfremd anzunehmen, die Schuldenkrise lasse sich auf freiwilliger Basis bewältigen. Vielmehr sind folgende Schritte zu beachten: erstens eine erzwungene Umwandlung von Schulden, zweitens ein unfreiwilliger Schuldenerlass, drittens werden manche Länder später schlicht und einfach die Zahlungsunfähigkeit erklären. Im Zuge dieser Entwicklung wird eine Lawine fälliger CDS losgetreten. Damit sind Emittenten und Besitzer von CDS bald einmal überfordert. Der CDS-Markt wird voraussichtlich crashen und ein Desaster bei jenen auslösen, die sich «vergeblich» versichert haben und nun von schweren Ausfällen bei Staatsanleihen betroffen sind. Zu ihnen gehören Banken, Versicherungen, Pensionskassen und private Anleger. In dem Masse, in dem sich darunter solche befinden, die «too big to fail» sind, also nicht fallen gelassen werden dürfen, muss der Staat einspringen. Doch damit wird das Schuldenproblem nicht gelöst, sondern potenziert. Und es besteht die Gefahr, dass es zu einem Flächenbrand kommen kann.

12   Externe Schocks

Externe Schocks sind solche, die von ausserhalb des Wirtschafts- und Finanzsystems her kommen, demnach nicht systemimmanent sind. Man kann zwar Trends erkennen, das Eintreffen externer Schocks aber nicht exakt voraussagen. In der Regel wird man von ihnen überrascht. Sie richten Schäden sehr unterschiedlichen Ausmasses an, verunsichern oder stiften sogar Chaos. Im Extremfall können eine Wirtschaftskrise und Crashes an den Finanzmärkten die Folge sein.

Es kann hier nicht um eine lückenlose Auflistung aller (potenziellen) externen Schocks gehen, auch nicht um eine ins Detail gehende Analyse. Vielmehr soll hier eine Reihe möglicher externer Schocks überblicksartig dargestellt und der Frage nach etwaigen ökonomischen und finanziellen Auswirkungen nachgegangen werden.

Seit Jahren ist der Klimawandel ein brennendes Thema. Vorab gilt es festzuhalten: Das Klima hat sich stets gewandelt und wird dies auch künftig tun. Es wird nichtsdestotrotz seit Jahr und Tag eindrücklich gewarnt: Die Welt stehe vor einem Jahrhundert der Völkerwanderungen, ausgelöst durch verheerende Auswirkungen des Klimawandels. Doch was auch immer tatsächlich geschehen mag: Es wird sich nicht um exogene Schocks mit kurz- oder mittelfristigen, sondern langfristigen Auswirkungen handeln. Daher darf man diese (potenziellen)

Schocks für den Ausblick auf die globale Wirtschaft in den nächsten fünf bis zehn Jahren vernachlässigen.

Der 11. März 2011 hat schlagartig gezeigt, dass ein atomarer Unfall jederzeit möglich ist. Im japanischen Fukushima handelte es sich allerdings um eine Verkettung von Faktoren: Ein Erdbeben löste einen Tsunami aus, und wegen der Küstenlage des Atomkraftwerks kam es beinahe zum Super-GAU. Darüber hinaus setzt ein atomarer Unfall (ausschliesslich) technisches und menschliches Versagen voraus. Ein terroristischer Anschlag als Auslöser einer atomaren Katastrophe ist nicht auszuschliessen und stellt eine nicht unerhebliche Bedrohung dar. Schaut man sich die bisherigen Atomunfälle – neben Fukushima beispielsweise den Unfall im ukrainischen Tschernobyl 1986 – an, so ist festzuhalten: Es kam weder zu einem Crash an den internationalen Finanzmärkten noch zu einer Wirtschaftskrise, selbst in den unmittelbar betroffenen Ländern nicht. Das könnte sich zumindest graduell ändern, wenn es zu einem atomaren GAU in dicht besiedelten Regionen käme, die von grosser ökonomischer Relevanz für das betroffene Land und die Nachbarländer wären. Zum Beispiel das Ruhrgebiet in Deutschland wäre eine solche Region.

Welche weiteren externen Schocks sind denkbar? Eben: generell Naturkatastrophen. Der Ausbruch von Vulkanen ist zwar in bestimmten Ländern der Welt eine permanente Bedrohung. Das betrifft beispielsweise den Vesuv bei Neapel, den Ätna auf Sizilien sowie Vulkane auf Bali, den Philippinen und im Grossraum Jakarta. Vom Ausbruch dieser Vulkane könnten nur örtliche und regionale Schäden ausgehen, nicht aber volkswirtschaftlich relevante oder gar überregionale (z. B. in Südostasien, Europa oder Nordamerika). Daher sind Vulkanausbrüche als Ursache wirtschaftlicher Krisen zu vernachlässigen. Von ungleich grösserer Bedeutung sind jedoch Erdbeben, die in manchen Ländern der Welt eine ständige Gefahr darstellen. Welche Schäden im Fall der Fälle entstehen, hängt nicht nur von der Stärke eines Bebens ab, sondern davon, ob es sich um bevölkerungsreiche und wirtschaftlich bedeutsame Grossräume handelt. Der grösste Schaden ist zu beklagen, wenn es sich um das politische, finanzielle und wirtschaftliche Zentrum eines Landes handelt. Das klassische Beispiel wäre Tokio: Würde die Hauptstadt zerstört, so läge Japan am Boden. Die Auswirkungen wären bei einer Zerstörung von Jakarta zwar verheerend, aber mit einer Zerstörung Tokios nicht vergleichbar. Zu einem landesweiten Desaster würde es in Indonesien nicht kommen, da das Land ungleich anders situiert und strukturiert ist als Japan. Zerstört ein Erdbeben Istanbul, so wäre die gesamte Türkei schwer betroffen, denn es handelt sich um das Wirtschaftszentrum. Von weitreichender Bedeutung wäre ein kräftiges Erdbeben am San-Andreas-Graben in Kalifornien. Es könnte Metropolen wie San Francisco und Los Angeles vollkommen lahmlegen. Da es sich um eine zentrale Region der USA handelt, wäre mit landesweiten Schäden zu rechnen, mit einem Crash und einer längeren Baisse an der Wall Street.

Erdbeben lösen, wie wir wissen, unter bestimmten Umständen Tsunamis aus, die verheerende Schäden noch an Tausenden von Kilometern entfernten Küsten anrichten können. Tsunamis überqueren in hohem Tempo und mit grosser Wucht ganze Ozeane. Treffen sie Bevölkerungs-, Wirtschafts- und Finanzzentren, so bleiben volkswirtschaftlich relevante Schäden nicht aus: Es kann zu einem Desaster kommen. Auf Meereshöhe liegen unter anderen New York, London, Tokio, Hongkong, Singapur und Sidney. Die grösste Gefahr geht von der Cumbre-Vieja-Vulkankette auf der kanarischen Insel La Palma aus («Vertraulicher Schweizer Brief», 12. April 2011). Dort könnten im Falle eines Erdbebens 500 Millionen Tonnen Gestein ins Meer stürzen. Das würde eine Flutwelle auslösen, die an der Ostküste der USA in einer Höhe von 30 bis 50 Metern ankommen würde. Das Welt-Finanzzentrum in New York würde überflutet und (weitgehend) zerstört. Auf Brasilien käme eine Flutwelle von 40 Metern Höhe zu, wie in einer Computersimulation «nachgewiesen» wurde.

Sucht man nach Anarchisten, Aufständischen, Guerillas, Milizen, Separatisten und Terroristen, so findet man diese weltweit. Es gibt sie in Lateinamerika über Afrika, den Nahen Osten, Zentralasien, Kaschmir, Sri Lanka, den Philippinen bis nach Indonesien. Der Terrorismus ist an sehr vielen Orten der Welt aktiv. Zwar gibt es grosse Unterschiede, aber allen terroristischen Bewegungen ist gemeinsam, dass sie einzeln nur in der Lage sind, gewissermassen örtlich begrenzte terroristische Aktionen durchzuführen. Es geht hier nicht darum, potenzielle und tatsächliche Konflikte auf die leichte Schulter zu nehmen, aber man muss sie gewichten und einordnen, um nicht das Entscheidende aus den Augen zu verlieren: die Existenz von Kriegen, die örtliche, regionale, kontinentale und globale «Schäden» nach sich ziehen.

Kriege gehen stets aus Krisenherden hervor, doch Kriege, die um Territorien geführt werden, sind inzwischen ein Auslaufmodell. Inzwischen geht es um Ressourcen aller Art. In dicht bevölkerten Ländern und Regionen geht es um «Lebensraum», fruchtbare Böden, Wasser, Rohstoffe, vor allem um Energie. Krisenherde findet man in Südamerika, Afrika, im

Nahen Osten, am Persischen Golf und in Zentralasien. Kriege werden sich so lange auf einzelne Länder und ihre Nachbarn beschränken, als vitale Interessen der Welt- und Grossmächte nicht tangiert sind. Es geht namentlich um die USA, China, Russland und Indien. Bedenklich sind etwa die Spannungen zwischen Israel und den arabischen Ländern. Ist die Existenz Israels bedroht, so werden die USA nicht zögern, militärisch, auch ohne die UNO und die NATO, zu intervenieren. Verhängen die Saudis dann ein Erdölboykott gegen die USA, so muss es zu einer Eskalation kommen: Die USA werden auch gegen Saudi-Arabien Krieg führen – und wenn nötig auch am Persischen Golf. Die global strategische Position liegt nämlich am Persischen Golf. Dort lagern gigantische konventionelle Erdölreserven. Und dort ist man mit dem Iran konfrontiert. Das Land ist jederzeit in der Lage, die Vereinigten Emirate existenziell zu bedrohen, die saudischen Erdölfelder am Golf ins Visier zu nehmen und die Strasse von Hormuz zu blockieren. Dort liegt der global gesehen alles entscheidende Transportengpass. Was unter solchen Voraussetzungen sich abspielen wird, ist absehbar: Es wird zu einer Erdölkrise kommen, die grösser als jene der 1970er-Jahre sein wird, verbunden mit einer globalen Wirtschaftsdepression. Es lässt sich nach diesen Ausführungen zusammenfassend feststellen, dass sehr wohl Konflikte – als eine Form externer Schocks – denkbar sind, die das Potenzial haben, überregional zu wirken und global grösstmöglichen wirtschaftlichen Schaden anzurichten.

13   Angriffe im Cyberspace

Datenklau ist kein neues Phänomen. Ins internationale Rampenlicht rückte das Problem aber erst, als die Aktivitäten der Enthüllungsplattform Wikileaks 2010 auf politische Institutionen bekannt und die Ergebnisse publiziert wurden. Wikileaks veröffentlicht anonym Dokumente, die als geheime Verschlusssache gelten und folglich vertraulich behandelt werden sollten. Wikileaks setzt dabei ein grundsätzliches öffentliches Interesse an den Informationen voraus.

Julian Assange wurde von nicht wenigen als Held gefeiert: Er sorge endlich für mehr Transparenz in der Politik. Inzwischen spricht man vom «Krieg im Cyberspace». Sogenannte Hacker sind weltweit tätig, dringen in fremde Rechner ein und machen sozusagen alles publik, was sie dort vorfinden. Inzwischen geht man davon aus, dass man jede Datenbank knacken kann. Nichts ist mehr vor Angriffen sicher. Das hat weitreichende Konsequenzen: Man ist gut beraten, sich darauf einzustellen.

«Diebstahl» im Internet ist ein weitverbreitetes Phänomen. Es geht unter anderem um Kreditkarten: Sie werden geklaut, teuer verkauft und auch gefälscht. Es werden so auf fremde Rechnung Einkäufe getätigt, und Bargeld wird direkt von Konten gebucht. Es handelt sich um ein Milliardengeschäft. Hacker sind zunehmend im Onlinebanking tätig. So gab es im

März 2011 einen erfolgreichen Angriff auf den Hersteller von Sicherheitssoftware RSA. Die Hacker schleusten eine spezielle Software ein, was ihnen ermöglichte, während einer längeren Zeit Dateien zu kopieren. Onlinebanking ist alles andere als sicher.

Aufsehen erregte im Frühjahr 2011 der Datenklau bei der Firma Sony. Hier waren weltweit über 100 Millionen Kunden betroffen. Dabei geht es um sensible Daten wie Namen, Adressen, Geburtsdaten, Telefonnummern und – besonders gravierend – Passwörter sowie Banken- und Kreditkartendaten. Doch damit nicht genug: Hackern gelang es auch, in die Datenbank von (Gross-)Banken einzudringen und Kunden, deren Konten und Depots in Erfahrung zu bringen. Danach sind die Daten im Internet jedermann zugänglich. Betroffen waren Grossbanken, darunter auch solche aus der Schweiz. Das ist vor allem dann, wenn es sich um Schwarzgeld handelt, nicht nur peinlich, sondern auch verhängnisvoll. Nun sind die Steuerbehörden informiert, können zugreifen. Will man Schwarzgeld verstecken, kann man sich nirgendwo mehr sicher fühlen: Es droht stets die Offenlegung im Internet. Der Fiskus freut sich darüber!

Seit Langem ist Wirtschaftsspionage ein Problem. Mitarbeiter, die ausscheiden, laden aus dem Internet sensible Daten oder sogar (ganze) Pläne von Prototypen herunter. Diese liefern sie dem neuen Arbeitgeber ab oder versuchen, sie am freien Markt zu verkaufen. Inzwischen dringen Hacker in die Datenbanken von (Gross-)Unternehmen ein, bevorzugt im Hightechbereich, in der atomaren und der Rüstungsindustrie. Man will auf diesem Wege an die neueste Technologie herankommen, um aufzuholen und mit der Konkurrenz mitzuhalten.

Doch was auch immer: Hier handelt es sich nicht um Vorgänge, die externe Schocks auszulösen vermögen.

Von ungleich grösserer Tragweite ist die militärisch orientierte Spionage. Sie wird nicht so sehr von privaten, sondern vielmehr von staatlichen Institutionen durchgeführt. Hackern ist es gelungen, in das iranische «Atomprogramm» einzudringen. Aufhorchen liess auch eine Meldung, dass es Hackern gelungen ist, sich bei der NATO Zugang zu verschaffen. Hier fielen ihnen äusserst sensible Daten, so über Organisation und Absichten der NATO, in die Hände. Der Clou ist jedoch, dass es gelungen ist, das amerikanische Verteidigungsministerium, das Pentagon, zu knacken. Offensichtlich gelingt es nicht einmal der Weltmacht USA, wenigstens das Pentagon vor Hackern zu schützen. Zwar sind solche Vorkommnisse gewichtig und alarmierend, sie haben aber bisher keine externen Schocks auszulösen vermocht.

Nicht zu unterschätzen sind verdeckte Desinformations- und Täuschungskampagnen, die in Massenmedien, vor allem im Fernsehen, und im Internet platziert werden. Noch dreister sind Falschmeldungen: so zum Beispiel über einen atomaren GAU, den Tod von führenden Persönlichkeiten aus der Politik (z. B. des US-Präsidenten) und schwere Attentate von Terroristen auf neuralgische Bereiche wie Ballungszentren oder die Infrastruktur. Ein schlagendes Beispiel für die Manipulation der Öffentlichkeit ist das Märchen von Saddam Husseins atomarer Aufrüstung im Irak. Damit ebneten sich die Amerikaner bekanntlich den Weg für den zweiten Irakkrieg. Je nachdem, welche «Breaking News» am Bildschirm erscheinen, kann es durchaus zu Panik und Kurzschlusshandlungen kommen, so auch zu einem Crash an den Finanzmärkten.

Man muss zur Kenntnis nehmen: Die nächsten Kriege werden nicht mehr mit Bomben und Kanonen ausgetragen. Der Cyberwar, der Krieg via Computer und Internet, ist das nächste Schlachtfeld («Vertraulicher Schweiz Brief», 2. März 2011). Es ist auch nicht mehr der Krieg der Sterne, sondern jener der Computerprogramme. Man kann sozusagen von jedem Ort der Welt aus in einem Computerzentrum Krieg führen, ist nicht auf Raketen, Flugzeugträger, Flugzeuge, Panzer und Soldaten angewiesen. Der erste digitale Schlag wurde 1982 in der Sowjetunion durchgeführt. Eine Pipeline explodierte nicht durch konventionellen Sprengstoff, sondern durch eine «logische Bombe». Via Computer erhöhte man den Druck auf das 20-Fache, die Station flog in die Luft, die Pipeline war ausser Betrieb. Man hat es hier mit einer «Fernsprengung» zu tun. Im Jahre 2007 wurde in den USA die damalige Programmierung der Schutzsoftware nur leicht abgeändert (verbessert). Nun zeigte es sich, dass man Dieselgeneratoren und andere Infrastrukturen durch Computerviren nachhaltig schädigen kann. Im Rahmen des «Aurora-Experiments» wurde im US-Bundesstaat Idaho ein Dieselgenerator durch manipulierte Steuerungsbefehle zur Explosion gebracht. Dazu benützte man einen kleinen Computer, der die Steuerungsdaten abfing, danach veränderte und die manipulierten Daten an den Generator weitersendete.

In der Öffentlichkeit wird regelmässig darüber berichtet, was private und terroristische Einzelkämpfer und/oder Organisationen im Internet angerichtet haben (sollen). Von ungleich grösserer Tragweite sind aber Cyberspace-Kriege, die von Staaten geplant und geführt werden. Das setzt eine schlagkräftige Infrastruktur voraus: Dahinter steckt ein «Heer» von Spezialisten: Sie entwickeln unter anderem Computerviren und führen Attacken durch. Aufsehen erregte das Eindringen in die iranischen Atomanlagen. Zum Zuge kam ein Torpedo-Virus namens «Stuxnet» («Vertraulicher Schweizer Brief», 3. November 2010). Um solche «Waffen» zu entwickeln, sind massive finanzielle Mittel erforderlich. Solche können letztlich nur von Regierungen bereitgestellt werden. Man muss ausserdem über die erforderliche Zahl an Spezialisten verfügen. Im Übrigen vermutet man hinter dem Angriff auf die iranischen Atomanlagen an erster Stelle die USA und/oder in einem Joint Venture Israel. Denkbar ist auch, dass China dahintersteckt. Man kann das sozusagen als Probelauf für spätere Einsätze mit globaler Reichweite betrachten.

In der Erforschung von Sicherheitslücken werden nach Schätzungen weltweit 30 000 Spezialisten eingesetzt («Vertraulicher Schweizer Brief», 2. März 2011). Davon allein in China 10 000. Solche Exploit Researcher sind aber auch in Osteuropa und Südamerika am Werke. Ihre Entdeckungen verkaufen sie nicht nur an Hersteller von Antiviren-Software, sondern auch an Geheimdienste und Organisationen, die Wirtschaftsspionage betreiben, demnach an «Freund und Feind». Grosse Abnehmer sind unter anderem Cyber-Einheiten von Armeen zahlreicher Länder. In den USA hat sich das Pentagon zum Ziel gesetzt, das gesamte elektromagnetische Spektrum unter Kontrolle zu bringen. Das macht es möglich, Kommunikationssysteme, Sensoren und Waffensysteme zu stören oder lahmzulegen. Darüber hinaus will man in der Lage sein, Telefone, vernetzte Computer und Radarsysteme weltweit auszuschalten.

Bei Cyber-Attacken geht es nicht nur um ein militärisches, sondern auch um ein ziviles Problem. Die entsprechende Cyber-Kriminalität gewinnt rasch an Bedeutung, und es gibt auch (eher) «harmlose» Attacken. So ist es möglich, dass so viele «Benützer» in eine Plattform eindringen, dass es zu einer Überbelastung und einem «Absturz» kommt. Vorübergehend läuft dann gar nichts mehr, der Zugang ist für jedermann gesperrt. Typisch dafür ist ein Angriff der Anhänger von Julien Assange auf die Postfinance (Schweiz). Es war ein «Racheakt» gegen die Sperrung der (Spenden-)Konten von Wikileaks. Die Postfinance benötigte 22 Stunden, um den ordentlichen Betrieb wiederherzustellen, funktionsfähig zu sein. Solche Angriffe sind auch bei grossen, global tätigen Unternehmen, wie Banken, nicht auszuschliessen. Die Schäden wären hier ungleich grösser.

Ein Vorgeschmack dessen, was zusätzlich passieren kann, spielte sich während des Kaukasus-Krieges (2008) ab. Russischen Hackern gelang es, die georgischen Webseiten zu blockieren. Sie waren somit vollumfänglich informiert und hielten alle Fäden in der Hand. Eine «Steigerung» dieser Problematik liegt vor, wenn es gelingt, in Computer einzudringen, sie auszuspionieren und fernzusteuern. Chinesische Hacker führten einen erfolgreichen Angriff auf die Rechner in 100 Ländern durch, gelangten so zu vertraulichen Informationen über den Dalai Lama und die tibetische Oppositionsbewegung.

Ein Horrorszenario würde sich abspielen, wenn es «Partisanen im Cyberspace», so Eric Gujer in der «Neuen Zürcher Zeitung» vom 1. Oktober 2010, gelänge, mit Viren die sogenannte kritische Infrastruktur lahmzulegen. Dazu zählen unter anderem Kraftwerke, Flughäfen, die Flugüberwachung und das gesamte Kommunikationsnetz. Das nicht nur in nationalen Ausmassen, sondern international oder gar global. Sind die

Zentralcomputer auch noch mit dem Internet verbunden, so ist das Chaos perfekt.

Zur Illustration ein Beispiel: Fällt die Stromproduktion, aus welchen Quellen auch immer, aus, so ist man sehr bald einmal mit apokalyptischen Verhältnissen konfrontiert. Es gibt kein Licht mehr, es herrscht Finsternis. Es fahren keine Züge mehr. Die Wasserversorgung ist ohne elektrisch angetriebene Pumpen lahmgelegt. Sämtliche Kühlaggregate fallen aus. Spitäler sind ausser Betrieb. Sind Kommunikationssysteme ausgefallen, so bricht jede Kommunikation ab, auch das Onlinebanking und der Zahlungsverkehr. Doch damit nicht genug: Im Extremfall kann ein gezielter schwerer Anschlag dazu führen, dass das globale Kommunikationssystem nicht nur vorübergehend, sondern länger oder dauerhaft ausfällt. Die Menschheit fällt sozusagen in die Steinzeit zurück. Und nicht zuletzt: Im Cyberspace sind Angreifer stets im Vorteil. Dagegen sind Staaten, das Militär und die Polizei weitgehend machtlos.

14 Crashs sind jederzeit möglich

Vom Crash – gemeint ist damit ein Börsenkrach – war vor 1929 kaum die Rede. Zuvor sprach man je nachdem von Börsenskandal, Börsenschwindel und vor allem von einer Spekulationskrise, vom Platzen einer Spekulationsblase. Aus der Zeit vor der industriellen Revolution im 18. Jahrhundert kennt man die berühmte Tulpenkrise aus dem Jahre 1637. Damals ging es um eine seltsame Spekulation mit Tulpenzwiebeln in Holland. Die Spekulation entwickelte sich rasant und brach schliesslich zusammen. Nicht minder dramatisch ging es um 1720 zu. In Frankreich grassierte die Spekulation um die «Mississippi-Compagnie», die sich zur Aufgabe gegeben hatte, das Mississippi-Tal in den USA zu kolonialisieren. Frankreich tauschte faktisch seine Schulden in Aktien dieser Gesellschaft. In ähnlicher Weise spielte sich damals das Schicksal der englischen «South Sea Company» ab. Auch diese Spekulation platzte und ging in die Geschichte als «South Sea Bubble» ein. Spekulationsblasen gab es zur gleichen Zeit auch in Amsterdam und Hamburg, jedoch in ungleich geringerem Ausmass. Damals und noch lange Zeit danach kannte man keine staatliche Regulierung von Börsen. Man konnte tun und lassen, was man wollte. Auch der Schwindelei waren Tür und Tor geöffnet, niemand wurde belangt.

Der Aktienhandel erlangte in London schon im frühen

18. Jahrhundert grosse Bedeutung. Er wurde aber in den Seiten-
gängen der Royal Exchange, einer Waren- und Fondsbörse,
abgewickelt. Im 19. Jahrhundert setzte sich der Aktienhandel
aber allgemein durch. In der zweiten Jahrhunderthälfte rückte
er zum wichtigen Geschäft an der Börse auf. Zwar gab es schon
zuvor immer wieder «Börsenskandale» und «Börsenschwindel», doch nun rückte der «Börsenkrach», später eben «Crash»
genannt, in den Mittelpunkt des Interesses.

Mania – Panik – Crash

Bei allen Manien (Mania), Paniken und Crashs, die sich im
Laufe des industriellen Zeitalters abgespielt haben, gab es stets
eine Grundvoraussetzung: eine exzessive Expansion der Geldmenge zunächst über das private Bankensystem, später über
die Notenbanken. Charles Kindleberger (2001) brachte es auf
den Punkt: «Öl ins Feuer: Die monetäre Expansion». Auch
eine anhaltende oder galoppierende Inflation ist nicht ohne
eine entsprechende Ausweitung der Geldmenge möglich. Auch
kein Staat kann sich finanziell übernehmen, wenn man ihm
nicht erlaubt, sich dauerhaft und zunehmend für laufende
(konsumative) Ausgaben zu verschulden. Eine jahrhunderte-
lange Erfahrung zeigt: Spekulationsblasen, wo immer man sie
vorfindet, können sich nicht ohne (Bank-)Kredite aufbauen.
Die zweite Erfahrung ist: Es wird stets spekuliert, bis die Blase
platzt, die Finanzkrise nicht mehr abzuwenden ist. Offensichtlich hat man nichts aus der Vergangenheit gelernt. Wenn es
dabei bleibt, gilt: Die nächste Finanzkrise kommt bestimmt,
die Frage ist jeweils nur wann, wo und in welchem Ausmass.

Im 19. Jahrhundert gab es zwei (schwere) Crashs: Den Immobiliencrash von 1819, der sich primär auf England konzentrierte, und den Crash von 1873, der von Europa ausging und auf die USA übergriff. Beide Ereignisse sind eng mit dem Kondratieff-Zyklus (Wittmann, 2007, S.21ff.) verbunden. Nach einem langfristigen Aufschwung namentlich von den späteren 1780er-Jahren bis 1814 und von 1843 bis 1864 folgte eine scharfe Rezession. Daran schliesst sich eine mehrjährige konjunkturelle Erholung an. Sie wird mit einem Crash abgeschlossen. Nun setzt ein langfristiger Abstieg ein, wie zwischen 1819 und 1843 und von 1874 bis 1896.

In die Finanzgeschichte ist der Crash von 1929 als der spektakulärste eingegangen. Er wird noch heute, nicht zuletzt wegen der darauffolgenden grossen Depression, als Albtraum empfunden. Der Aufstieg im Kondratieff-Zyklus, der 1896 begonnen hatte, wurde durch den Ersten Weltkrieg «gestört» und ging schon 1920 zu Ende. Es folgte die Nachkriegsdepression bis 1922/23. Daran schloss sich ein kräftiger konjunktureller Aufschwung bis 1928/29 an. Man spricht daher von den «Goldenen Zwanzigerjahren».

Typischer Ablauf

Jeder Crash, insbesondere jener von 1929, nimmt einen typischen Verlauf. Die Börsen boomen über Jahre hinweg. Die Spekulationsblase baut sich allmählich und schliesslich beschleunigt auf – bis sie platzt. Massgeblich beteiligt waren in den Zwanzigerjahren – und das war neu – die Investmenttrusts, eine Innovation. Damit verbinden sich klingende Namen wie Goldman Sachs und die United Founders. Investmenttrusts wurden mit dem Zweck aus der Taufe gehoben,

Aktien(-bestände) zu kaufen und zu halten, um die Kurse in die Höhe zu treiben. Man griff dabei massiv auf Kredite (Leaverage) zurück, um die Hausse am Leben zu halten. Vor dem Crash betrug das Gesamtvermögen der Investmenttrusts elf Mal mehr als 1927.

Der Countdown zum Oktober-Crash von 1929 begann am 3. September, nach dem Labour Day. Der Markt konnte nicht mehr zu seiner Dynamik zurückkehren. Am 5. September brach der Markt ein. Die Spekulanten gaben aber nicht auf. Am 29. Oktober, einem Dienstag, nicht der Schwarze Freitag, crashte es an der Wall Street. An diesem Tag wurden sämtliche Gewinne der letzten zwölf Monate ausgelöscht. Die zahlreichen Investmenttrusts waren auf einen Schlag so gut wie nichts mehr wert. Am 13. November erreichte der Crash seinen ersten Tiefpunkt. Nach einer kräftigen Erholung zwischen Januar und Mitte März 1930 brach der Markt erneut ein. Die Baisse ging erst im Juni 1932 zu Ende.

Nach dem Zweiten Weltkrieg dauerte es (relativ) lange, bis es zum ersten Crash kam. Wie ein Blitz aus heiterem Himmel war es 1962 so weit. Auslöser war die Kuba-Krise, der Dow Jones Industrial brach um 28 Prozent ein. Die Sowjetunion hatte Raketen nach Kuba gebracht und war dabei, diese einsatzfähig zu machen. Präsident Kennedy stellte den Russen ein Ultimatum, an den Aktienmärkten kam Panik auf. Als die Sowjetunion einlenkte und versprach, ihre Raketen aus Kuba abzuziehen, war der Albtraum eines nuklearen Krieges vorbei. Man hatte es damals mit einem externen Schock zu tun. Der Crash kam daher nicht endogen von der Wirtschaft und der Börse her. Parallelen zu den Crashs von 1873 und 1929 gab es daher nicht: Es war ein Sonderfall.

Handelssysteme versagen

Zu einem schwarzen Tag in der Börsengeschichte kam es am 19. Oktober 1987 an der Wall Street. Der Dow Jones Industrial brach um 42 Prozent ein. Die Stabilisierung kam zwar relativ rasch zustande, es dauerte jedoch drei Jahre, bis der Höchststand von 1987 wieder erreicht war. Dem Crash waren turbulente Tage vorausgegangen. Am 13. Oktober kündigten die USA eine Änderung der Besteuerung an, die Übernahmen weniger attraktiv machte. Seit Jahren tobte eine Welle von «Ausverkäufen» von Unternehmen an das Management und/oder Investmentfirmen (Leaverage Buy-out) sowie von Fusionen, Übernahmen (Mergers & Acquisitions) und Aktienrückkäufen. Am 14. Oktober enttäuschte das (zu) hohe Defizit der amerikanischen Handelsbilanz. Am 15. Oktober kam das eigentliche «Börsengift» hinzu. Die Chemical Bank erhöhte die Prime Rate, gab damit ein negatives Signal. Der 16. Oktober brachte einen externen Schock. Die Iraner griffen im Golf von Oman einen US-Öltanker an. Öl ins Feuer goss der US-Finanzminister James Baker mit der Drohung, den US-Dollar kollabieren zu lassen. Und nicht zuletzt: Die Hausse an der Wall Street, die im August 1982 begonnen hatte, war bereits fünf Jahre alt. Die Aktienmärkte waren inzwischen im Durchschnitt um 300 Prozent gestiegen. Sie waren extrem überbewertet, die Kurs-Gewinn-Relation hatte Spitzenwerte erreicht. Die Signale standen auf rot, es brauchte nur noch einen Funken, um einen Crash auszulösen.

Zwischen den Crashs von 1929 und 1987 gibt es zumindest zwei entscheidende Unterschiede: Im Gegensatz zu 1929 sprangen die Notenbanken sofort ein und pumpten Liquidität in die

Wirtschaft. Während die Wirtschaft sich bereits seit 1920 im Abstieg des Kondratieff-Zyklus befand, war sie seit 1983 in einem langfristigen Aufstieg. Daher kam es in den 1990er-Jahren nicht zu einer Depression wie in den 1930er-Jahren. Die (globale) Depression hatte sich schon in den 1970er-Jahren bis 1982 abgespielt. Aufgrund des Kondratieff-Zyklus durfte man die «Goldenen Neunzigerjahre» erwarten, zu denen es dann tatsächlich kam.

Hohe Kadenz

Ab 1987 und spätestens ab 1998 hat man es mit einem neuen, besorgniserregenden Phänomen in der Geschichte der Börsencrashs zu tun. Sie treten in kurzen Abständen, also in hoher Kadenz auf. So ereigneten sich drei Crashs binnen zehn Jahren zwischen 1998 und 2008, und ein vierter folgte im Juli/August 2011. Schwere Einbrüche blieben der Wirtschaft aber erspart. Zu vermelden sind nur zwei Rezessionen: jene von 2001 und jene von 2008 bis Mitte 2009. Die Finanzmärkte setzten relativ rasch zu neuen Höhenflügen an.

Der Crash vom Sommer 1998 ist insofern ein «Spezialfall», als er zwar kräftig ausfiel, nämlich minus 20 Prozent im Dow Jones Industrial, es sich aber um den bis damals kürzesten Crash in der Geschichte handelte. Ausgelöst wurde er – zum ersten Mal – durch ein Debakel eines Hedgefonds, dem Long Term Capital Management (LTCM) der (schweizerischen) UBS. LTCM geriet mit einem enormen Kredithebel in eine bedrohliche Schieflage. Um eine Kettenreaktion an den Finanzmärkten zu vermeiden, griff die amerikanische Notenbank (Fed) sofort und massiv ein. Der Crash von 1998 brach auf ei-

nem ersten Höhepunkt einer extremen Spekulation und Über-
bewertung der Aktienmärkte aus. Beides hatte 1994/95 begonnen und eine Spekulationsblase historischen Ausmasses
gebildet, die jederzeit platzen konnte. Gegen Ende 1999 war die
Superwelle der Spekulation, eine kollektive Mania, in Sphären
vorgestossen, in denen jede Vernunft verloren gegangen war.

Anfang 2000 platzte die Internet- und Hightechblase. Sowohl für private als auch institutionelle Anleger kam es zu einem katastrophalen Crash. Im September 2002 wurde ein erster Tiefpunkt erreicht. Daran schloss sich eine Erholung an, die
bis November/Dezember dauerte: Aufgrund der Unsicherheit
bezüglich eines neuen Irakkrieges brachen die Aktienmärkte
nochmals ein und erreichten im März 2003 den (finalen) Tiefpunkt. Im Laufe dieses Crashs in Raten kam es zu einem regel-
rechten «Massaker» quer durch alle Branchen der New Economy. Der NASDAQ-Composite verlor 79 Prozent. Global
führende Unternehmen aus der Hightechbranche übertrafen
sogar den Durchschnitt: Cisco – 90 Prozent, Hewlett-Pack-
ard – 86 Prozent, Intel – 83 Prozent und Oracle – 85 Prozent.
Die Notierungen dieser Bluechips liegen auch heute noch
(sehr) weit von den damaligen Höchstkursen entfernt. Einen
schrecklichen Zusammenbruch erlebten aber auch «Perlen» aus
der Old Economy. Sie stürzten weit mehr als der Dow Jones
Industrial (– 38 Prozent) und der S & P 500 (– 50 Prozent) ab.
So McDonalds – 76 Prozent, Eastman Kodak – 75 Prozent,
AT & T – 68 Prozent, General Electric – 66 Prozent und
Merck – 58 Prozent.

Wer – für was auch immer – auf Versicherungen setzt, muss
es wissen: Führende (globale) Versicherungen, so unter anderem Aegon (NL), Allianz (D) und Zurich Financial Services

(CH) verloren um 90 Prozent an Wert. Es handelt sich wohl-
verstanden um Unternehmen, die uns ver- und absichern sollen, auf die man vertraut und mit deren Hilfe man die Vorsorge
aufbaut. Der Slogan lautet nämlich: «Sicher mit Versicherungen». Am Ende der Baisse im Frühjahr 2003 waren die meisten
Versicherungen am Rande des Ruins angekommen, es drohte
der Kollaps. Nur dank der damals einsetzenden Hausse, (mög-
lichen) Prämienerhöhungen, Abstössen von Beteiligungen und
Restrukturierungen konnten sie sich retten.

Der Börsen-Zyklus

Um das vorauszusehen, was seit dem Ende der Baisse an den
Aktienmärkten vom März 2009 ablief und künftig (ab Juli
2011) ablaufen dürfte, ist es nützlich, sich mit dem (Standard-)
Börsenzyklus zu befassen. Er verläuft (meist) über vier Jahre,
zeitlich parallel zum typischen Wirtschaftszyklus in den USA.
Der kräftigste Anstieg erfolgt jeweils im ersten Haussejahr,
nicht selten mehr als 50 Prozent bis zum zyklischen Höhepunkt. Das zweite Jahr zeichnet sich durch eine abgeschwächte
Fortsetzung der Hausse aus. Im dritten setzt sich der Anstieg
noch fort, aber danach kommt es zu einer oberen Verteilungsphase. Sie zeichnet sich dadurch aus, dass es in mehreren An-
läufen nicht (mehr) gelingt, das alte Hoch zu überwinden. Im
vierten Jahr geht es zunächst langsam, danach beschleunigt
nach unten. Nicht selten kommt es (inzwischen) zu einem
Crash oder zu einer – mittelfristigen – Korrektur von 15 bis 25
Prozent. Ist der zyklische Tiefpunkt erreicht, so kann es wieder
nach oben gehen, in den nächsten Zyklus.

Der Börsenzyklus verlief seit März 2009 (bis Juli 2011) nicht grundlegend anders als der «Standardzyklus». Nach einem Anstieg im ersten Jahr – bis März 2010 – gab es eine Korrektur bis Juli 2010. Danach setzte sich die Hausse im zweiten Jahr bis März/April 2011 fort. Seitdem befinden sich die Aktienmärkte im dritten Jahr: Sie kamen aber nicht voran, tendierten (per saldo) seitwärts. Das war insofern noch «tolerabel», als es im dritten Jahr ohnehin zu einer oberen Verteilungsphase kommt. Nach dem typischen Ablauf würde sich diese bis ins Frühjahr 2012 erstrecken.

Ab Mitte Juli 2011 passierte das, was nicht zum traditionellen Börsenzyklus passt. Die Aktienmärkte brachen ein und fielen im August beschleunigt. Bis Mitte August hatten die Indizes rund ein Viertel verloren. Zwar waren die neuen Märkte zuvor «überverkauft», daraus war ein derartiger Einbruch aber nicht abzuleiten. Die Gründe liegen anderswo: zum einen in der eskalierenden europäischen Schuldenkrise. Für Unruhe sorgten vor allem Italien und Spanien, die als hochgefährdet eingestuft wurden. Zum anderen die USA: Die wochenlangen Diskussionen um die Anhebung des Schuldenplafonds, mit der drohenden Zahlungsunfähigkeit, brachten die Aktienmärkte unter massiven Druck. Kaum war dieses Problem (vorübergehend) gelöst, platzte eine Bombe: Standard & Poors stuften die Bonität der US-Schulden von AAA auf AA+ ab. Das löste einen Schock aus: Die Aktienmärkte kamen zusätzlich unter Druck.

Ab Frühling 2012 dürften die Signale ohnehin auf rot stehen. Die konjunkturellen Vorlaufindikatoren zeigten ab (Spät-)Sommer 2011 in Richtung einer Rezession. Noch gravierender: Es ist nicht auszuschliessen, dass der Aufstieg im Kondratieff-Zyklus, der in den USA 1983 einsetzte, 2012 definitiv zu Ende geht. Das Jahr 2012 ist in mancher Hinsicht von strategischer Bedeutung: für die Finanzmärkte, die konjunkturelle und langfristige Entwicklung der Wirtschaft.

Externe Schocks von zumindest kontinentaler Reichweite (Europa und/oder USA) würden zweifelsfrei einen (weiteren) Crash an den Finanzmärkten auslösen. Zu einem globalen Schock würde es aber kommen, wenn ein Krieg am Persischen Golf ausbräche, samt einem (israelischen) Angriff auf die iranischen Atomanlagen oder ohne ihn. Die Folgen wären eine globale Erdölkrise, verbunden mit einem Crash an den Finanzmärkten und einer länger anhaltenden Baisse. Die nächste Rezession, die sich über Jahre hinziehen würde. Nicht zu vergessen: Die Erdölkrise der 1970er-Jahre bescherte der Welt eine Depression, die erst 1982 endete.

Zu einem Crash kann es auch dann kommen, wenn es Überraschungen an der «Schuldenfront» gibt. Eine solche konnte am 1. August 2011 in den USA im allerletzten Moment vermieden werden. Der Schuldenplafond wurde angehoben. Ob das bis nach den Wahlen im November 2012 reicht, ist mehr als fraglich. Eine andere Überraschung wäre perfekt, wenn zum Beispiel Griechenland, Irland oder Portugal die Geduld ausgehen würde und man trotz massiver Hilfen einfach den Staatsbankrott ausriefe.

Hacker greifen an

Aus dem Blick geraten sind die Gefahren, die den Finanzmärkten vom technologischen Fortschritt her drohen. Es kann zu technischen Engpässen und Schwierigkeiten in der Koordination des Handels kommen, die den Marktmechanismus (früher) teilweise und heute ganz ausser Kraft setzen können. Untersuchungen haben ergeben, dass der Crash von 1987, als der Dow Jones Industrial um 22,6 Prozent einbrach, durch Engpässe im damaligen Handelssystem, die den Kursverfall beschleunigten («Neue Zürcher Zeitung», 13./14. Oktober 2007), verursacht war. Daraus zog man Lehren. Zum einen wurde massiv in die Kapazitäten der Handelssysteme investiert. Zum anderen kam es zur Einführung der «circuit breaker», die den Handel bei bestimmten Kursschwankungen automatisch unterbrechen.

Aufsehen erregte der «Flash Crash» vom Mai 2010 an der Wall Street. Der Crash spielte sich in (aller-)kürzester Zeit ab. Der «Spuk» war rasch vorbei, eine Erholung setzte ein. Gewissermassen unter Verdacht stehen die «high frequency traders» (Hochfrequenzhändler). Sie kaufen und verkaufen – nicht nur Aktien – blitzschnell und geben sich mit kleinen Gewinnen zufrieden. Im Einsatz sind aber jeweils hohe bis sehr hohe Volumen. Das macht es möglich, Kurse zu manipulieren und einen Crash auszulösen.

Doch damit nicht genug: Inzwischen nehmen Hacker auch die zentralen Handelssysteme erfolgreich ins Visier (Quelle: «Schweizer Bank», im April 2011). So wurden die NASDAQ-Management-Plattform und die Plattform des europäischen Emissionshandels geknackt. Es ist absehbar, dass bald Börsen an der Reihe sind. Manipulation von Kursen wäre noch «harmlos», ein Crash über massive Verkaufsprogramme dagegen weniger. Zu rechnen ist, wie anderswo bereits geschehen, mit eingeschleusten Viren, die das Handelssystem modifizieren und einen Crash auslösen. Dabei ist nicht auszuschliessen, dass das Handelssystem abstürzt und dabei alle Daten gelöscht werden.

Das Chaos wäre perfekt. Im Gegensatz zum «computerlosen» Zeitalter sind inzwischen jederzeit Crashs möglich, und zwar unabhängig von den klassischen Voraussetzungen wie platzenden Spekulationsblasen.

15   Die Superblase

Blasen bauen sich seit Jahren in zentralen Bereichen der Wirtschaft, vor allem in der Finanzindustrie, auf. Inzwischen liegt eine Superblase vor, die in neue historische Dimensionen vorgestossen ist. Wenn sie platzt, sind verheerende Auswirkungen in der Finanzindustrie, bei extrem hoch verschuldeten Ländern wie in der globalen Wirtschaft zu erwarten.

Ein explosiver Bereich sind die Innovationen der Finanzindustrie ab den 1980er-Jahren. Damals wurde die «Verbriefung» (Securitization) zahlreicher Risiken vorangetrieben, so auch von Hypotheken. Ab den 1990er-Jahren setzten die Derivate zum Höhenflug an. Ein Schub erhielten sie 1999 durch die Liberalisierung spekulativer Anlagen (z. B. Futures) in den USA. Zwar gab es jeweils während der Baisse von 2000 bis März 2003 und dem Crash von 2008 einen Dämpfer. Die Entwicklung wies rasch wieder nach oben. Inzwischen hängen die Derivate wie ein Damoklesschwert über der Finanzbranche, vor allem den (grossen) Investmentbanken. Nach Angaben der Bank für Internationalen Zahlungsausgleich (BIZ) betrug das Derivaten-Volumen im Juni 2011 nicht weniger als 600 000 Milliarden Dollar. Das ist das Zehnfache des globalen BIP. Es kann keinen Zweifel geben: Die Derivate sind ein (extremes) Systemrisiko.

Das Gleiche gilt unterdessen für Hedgefonds. Zwar gab es sie vereinzelt schon früher, ihr Aufstieg setzte jedoch in den

1990er-Jahren ein. Diese Fonds beschränken sich längst nicht mehr auf «Absicherungen» (Hedge = Zaun). Seit damals agieren diese Fonds auf zahlreichen Gebieten. Sie finanzieren unter anderem Übernahmen, operieren mit Derivaten, sind mit Leerverkäufen aktiv und spekulieren an den Rohstoffmärkten. Das Gefährliche ist: Sie arbeiten mit sehr hohen Kredithebeln, setzen (sehr) wenig Eigenkapital ein. Liegen ein oder mehrere Hedgefonds «falsch», so können daraus resultierende Pleiten zu einem Dominoeffekt führen, beispielsweise einen Crash an den Finanzmärkten auslösen.

Populär gesagt: Die Zentralbanken machen es möglich, sie pumpen in hoher Kadenz Liquidität in die Wirtschaft. Hier ragt die amerikanische Notenbank (Fed) seit Mitte der 1980er-Jahre heraus. Darüber freut sich die Finanzindustrie, denn Liquidität ist Sauerstoff für die Finanzmärkte. Als die Finanzkrise 2007 einsetzte, wurde in hoher Kadenz Liquidität in die Wirtschaft gepumpt. Mit dem Einsetzen der Schuldenkrise folgten die europäischen Zentralbanken, vor allem die EZB. Es ist abzusehen, dass die Zentralbanken unvermindert für Liquidität sorgen. Schwächt sich die konjunkturelle Entwicklung (ab Herbst 2011) ab, so ist eine Liquiditätsorgie nicht auszuschliessen: Die Blase wird weiter aufgepumpt.

Die Schuldenkrise steckt erst in den Anfängen. Die Staatsschulden steigen ungebremst weiter, in Prozent des BIP. Die Eskalation begann mit dem Quasi-Staatsbankrott von Griechenland, Irland und Portugal. Der Euro-Rettungsschirm stiess schon im Sommer 2011 an seine Grenzen und musste daraufhin erweitert werden. Damit türmen sich Schulden auf Schulden. In den USA wurde der Schuldenplafond per Anfang August 2011 nach oben verschoben. Am 5. August kam es zu einer äusserst unliebsamen Überraschung: Die USA verloren die höchste Bonität, Triple AAA. Standard & Poors senkte diese auf «AA». Gemäss dem «Bank Credit Analyst» (August 2011) befinden sich die USA im Endstadium des «Schulden-Super-Zyklus», der in den 1980er-Jahren eingesetzt hatte.

In den Sumpf der Schuldenkrise sind die Banken (und Versicherungen) geraten. Sie sind vollgestopft mit faulen Krediten, maroden Staatsanleihen. In den letzten Jahren haben sie zudem in besorgniserregendem Ausmass Kredit-Ausfall-Papiere (CDS) auf den Markt gebracht. Setzt der Trend von «freiwilligen» zu «erzwungenen» Schuldenverzichten ein, so kann die CDS-Blase nur platzen. Es bricht eine schwere Bankenkrise aus. Dem Staat bleibt dann nichts anderes übrig, als die systemrelevanten (Gross-)Banken zu retten, denn sie sind zu gross, um fallen gelassen zu werden «too big to fail». Das führt zu einer (weiteren) Eskalation der Schuldenkrise. Doch damit nicht genug: Die Staatsschulden sind nur die Spitze des Eisbergs. Die Sozialsysteme weisen Finanzierungslücken auf, die jene der öffentlichen Haushalte weit übertreffen. Finanzierungslücken kommen zwar allmählich auf den Staat zu, werden aber in den nächsten Jahren grösser und grösser werden.

Das unerfreuliche Fazit: In allen volkswirtschaftlich relevanten Bereichen, im privaten und öffentlichen Sektor, werden seit Jahren Blasen aufgepumpt. Sie ergeben zusammen eine Superblase, die alles in den Schatten stellt, was es bisher gab. Weder eine Abschwächung und schon gar keine Wende sind in Sicht. Die Superblase wird nicht in einer fernen, sondern in der nahen Zukunft platzen.

16 An der Schwelle zu 2012

Ab September 2011 eskalierte die europäische Schuldenkrise. Zwar stand Griechenland weiter im Mittelpunkt, aber nun geriet Italien, wo die versprochenen Reformen ausgeblieben waren, in die Schlagzeilen. Im Fokus standen weiter Portugal und Irland sowie erneut Spanien. Mit Italien und Spanien ging es um ungleich grössere Dimensionen. Italien ist die drittgrösste Volkswirtschaft der EU.

An der Tagung von IWF und Weltbank in der letzten Septemberwoche in Washington wurde Europa aufgefordert, mehr gegen die Ausbreitung der Schuldenkrise zu tun. Man forderte eine Aufstockung des Rettungsschirms (EFSF) von bisher 440 auf 1000 Milliarden Euro. Nun machte sich die EU an die Arbeit, um dieser Forderung nachzukommen. Ende Oktober war es so weit. Der entsprechende Beschluss wurde gefasst, nachdem zuvor alle EU-Länder die Erweiterung des Rettungsschirms parlamentarisch verabschiedet hatten, zuletzt die Slowakei. Doch schon bald kamen Vorstellungen auf, den Rettungsschirm auf 2000 Milliarden Euro zu «hebeln», und zwar durch die Aufnahme von Anleihen durch den EFSF, die wiederum EU-Länder, zahlungsfähige Mitglieder, garantieren, vor allem Deutschland. Anlass zur Euphorie gibt es allerdings nicht. Die beschlossenen Massnahmen existieren vorerst nur auf dem Papier. Die Umsetzung wird Jahre dauern. Zugleich ist

es alles andere als gesichert, dass die Erweiterung des Rettungsschirms im erwünschten Ausmasse gelingt. Es ist durchaus
möglich, dass es vorzeitig zu einem grösseren Notfall (z. B. Italien betreffend) kommt.

Im Rahmen des EU-Krisen-Gipfels einigte man sich mit
den privaten Banken auf einen Schuldenverzicht von 50 Prozent, um Griechenland zu entlasten, und zwar auf freiwilliger
Basis. Damit konnte man vermeiden, dass Credit Default
Swaps (CDS) fällig werden. Einmal mehr zeigt es sich: Je
mehr versichert wird, dass es zu keinem Schuldenerlass kommen werde, desto rascher naht der Tag, an dem es dann doch
passiert. Doch letztlich blieb wohl nichts anderes übrig, als
sich zum Schuldenerlass durchzuringen, wohl wissend, dass
Griechenland seine Schulden nicht würde zurückzahlen können. Damit waren die Voraussetzungen für weitere Hilfen er-
füllt, um den Staatsbankrott vorläufig abzuwenden.

In der Öffentlichkeit entstand der Eindruck, Griechenland
komme in den Genuss einer Halbierung seiner (gesamten)
Schuldenlast. Doch davon kann keine Rede sein («Swissmaster», 3.11.2011). Die Gesamtschulden, so weit bekannt, belaufen
sich auf 250 Milliarden Euro. Darin sind Kredite der sogenannten Troika von 70 Milliarden und Anleihen, die die EZB auf-
kaufte, in Höhe von 75 Milliarden Euro enthalten. Griechische
Banken haben Forderungen von 85 Milliarden Euro. Darauf
können sie nicht verzichten, weil sie selbst am Ende sind. Daher verbleiben 120 Milliarden an Schulden. Nach einer Halbierung sind es noch Verzichte von 60 Milliarden oder rund 17
Prozent der Gesamtschulden. Und nicht zuletzt: Der Schuldenverzicht ist erst beschlossen, aber alles andere als durchgeführt.

Am Krisengipfel der EU wurde auch eine Rekapitalisierung der europäischen Banken beschlossen. Bis Mitte 2012 soll die Kernkapitalquote neun Prozent betragen. Nach Berechnungen der Europäischen Bankenaufsicht sind dazu 106 Milliarden Euro erforderlich. Diese sollen aus privaten Quellen stammen. Dazu gehört die Umwandlung von Schuldtiteln in Eigenkapitalinstrumente. Bis das Ziel erreicht ist, gelten Beschränkungen bei Dividenden und Boni. Reicht das nicht aus, so ist vorgesehen, dass Staaten und/oder der EFSF einspringen. In diesem Fall würde das Eigenkapital von Banken durch entsprechende zusätzliche öffentliche Schulden gestärkt.

Die Rekapitalisierung der Banken ist überfällig. Die europäischen Banken sind sozusagen bis unters Dach voll mit riskanten Staatsanleihen aus bankrottgefährdeten Ländern: nicht nur aus Griechenland, Portugal, Irland und Italien, sondern auch aus Spanien und Belgien. Es geht hier um Dimensionen, die meilenweit jenseits der geforderten 106 Milliarden Euro liegen. Es geht nicht an, dass unter anderem staatliche Anleihen mit angeblichem Nullrisiko zum Kernkapital der Banken gezählt werden («G & M Intelligence», 14.11.2011). Man ist gut beraten, sich auf das enger gefasste «materielle Eigenkapital» (Tangible Common Equity) zu konzentrieren. Nach Berechnungen des «Bank Credit Analyst» beträgt dieses bei den deutschen und französischen Banken lediglich zwei Prozent der Aktiva. Bei britischen und schwedischen Banken sind es vier Prozent. Solche (Sicherheits-)Polster sind absolut ungenügend, um absehbare Ausfälle bei Staatsanleihen und Verpflichtungen bei den CDS auch nur ansatzweise zu schultern. Vielmehr droht solchen Banken unmittelbar die Pleite: Staaten müssen dann einspringen, um (Gross-)Banken zu retten, mit Kapitalspritzen oder Verstaatlichungen. Entsprechend explodieren die Staatsschulden. Es ist eine Illusion, davon auszugehen, die Banken könnten sich selbst rekapitalisieren. Sie machen kaum noch Gewinne oder operieren im roten Bereich. Unter solchen Voraussetzungen sind private Investoren nicht bereit, bei Kapitalerhöhungen mitzumachen. Daher bleibt nur noch der Staat übrig. Die Bankenlandschaft ist auf dem Wege, sich radikal zu verändern. Zum einen werden Banken ganz verschwinden, zum anderen in öffentliches Eigentum übergehen. Dies wird nicht geschehen, weil der Staat danach trachtet, sondern: Die Banken haben sich mit hochriskanten Geschäften selbst ins Abseits manövriert.

Ob man es so sieht oder nicht: Die neue Bankenkrise hat schon im Herbst 2011 begonnen. Die Folge ist ein Liquiditätsengpass, der den Investmentverkehr lahmzulegen droht. Darauf reagierte nicht nur die EZB, sondern auch die Bank of England und weitere Zentralbanken. Auf der einen Seite kauften sie den Banken marode Staatsanleihen ab. Auf der anderen Seite stellten sie unbegrenzt Liquidität, quasi zum Nulltarif, zur Verfügung.

Anfang Oktober 2011 war der Auftakt zur Bankenkrise nicht mehr zu übersehen. Die französisch-luxemburgisch-belgische Grossbank Dexia wurde im letzten Moment vor dem Zusammenbruch gerettet. Sie hatte faule (toxische) Papiere in der unfassbaren Höhe von 100 Milliarden in ihrer Bilanz, dominant marode Staatsanleihen. Die toxischen Papiere im Umfang von 90 Milliarden Euro wurden in eine «Bad Bank» ausgelagert und faktisch von den drei involvierten Ländern übernommen. Der belgische Teil der Dexia wurde verstaatlicht. Doch damit nicht genug: In Europa bewegen sich eine Reihe von Grossbanken nahe am Abgrund. Nicht nur in Griechenland, Portugal, Italien und Spanien, sondern auch in Frankreich, Grossbritannien und Österreich. Daher kann es keinen Zweifel geben: Im Jahr 2012 wird die (europäische) Bankenkrise eskalieren.

In Bezug auf die Bewältigung der Schuldenkrise werden grosse Hoffnungen in neue Regierungen gesetzt. In Griechenland wurde in der zweiten Novemberwoche 2011 der ehemalige Vize der EZB Papademos Ministerpräsident. Im Budgetentwurf für 2012 sind keine Verschärfung der Sparpolitik und auch keine Steuererhöhungen vorgesehen. Daher ist davon auszugehen, dass die anvisierte Verminderung des Budgetdefizits auf 5,4 Prozent (am BIP) ausser Reichweite liegt. Für Unsicherheit sorgen auch die angekündigten Neuwahlen (frühestens) im Januar 2012. Die politischen Parteien werden sich nicht starkmachen für Leistungskürzungen. Sie unternehmen alles, um die Wähler nicht vor den Kopf zu stossen. Nach den Wahlen wird es wohl eine neue Regierung geben. So gesehen befindet sich Papademos in einem Vakuum, das seinen Handlungsspielraum entscheidend einengt. Griechenland wird es nicht gelingen, das Steuer herumzuwerfen: Der Staatsbankrott ist nicht (mehr) abzuwenden.

In Italien machte Berlusconi (ebenfalls) in der zweiten Novemberwoche Platz für Mario Monti, einen ehemaligen EU-Kommissar. Seine Regierung setzt sich aus Experten, nicht Politikern zusammen. Bei seiner Antrittsrede verschrieb er dem Land keine Schocktherapie, sondern skizzierte lediglich eine graduelle Remedur, vor allem beim Steuerdruck. Die Liberalisierung des Arbeitsmarktes und das Aufbrechen der Wirtschafts- und Sozialstrukturen vertagte man aus Rücksicht auf den sozialen Frieden. Monti ist davon abhängig, wie sich die Partei Berlusconis (POL) und der Lega Nord verhalten. Zusammen haben sie die Mehrheit im Senat und können Monti jederzeit abwählen. Italien ist zwar nicht Griechenland. Das Land war aber schon vor Monti auf dem Wege zum Rettungsschirm. Daran hat sich nichts Entscheidendes geändert. In Spanien gewann die (konservative) Volkspartei die Wahlen vom 20. November 2011. Sie löste die Sozialisten in der Regierung ab. Die Ausgangslage ist insofern günstiger als in Griechenland und Italien: Zapatero von der sozialistischen Partei hatte schon zuvor das Rentenalter auf 67 Jahre erhöht, Lohnkürzungen, Sparmassnahmen und Privatisierungen beschlossen. Es ist zweifelhaft, ob die Konservativen den Sparkurs fortsetzen oder gar verschärfen. Sind breite Bevölkerungsschichten betroffen, so ist mit dem «Aufstand der Massen» zu rechnen. Doch wie auch immer: Spanien ist und bleibt ein erstrangiger Kandidat für den Rettungsschirm.

Die EZB ist allen Unkenrufen zum Trotz auf dem Wege zum Lender of Last Resort. Sie kaufte schon 2011 in grossem Stil Staatsanleihen von gefährdeten Ländern wie Griechenland, Italien und Spanien auf. Aufgrund einer «Sonderregelung» pumpen auch die nationalen Zentralbanken der Eurozone massiv Liquidität in die Wirtschaft, drucken entsprechend Geld. Die EZB wird sich künftig in erhöhtem Tempo der «Geldpresse» bedienen, um Staatsanleihen aufzukaufen. Darüber hinaus ist es absehbar, dass sie dem Euro-Rettungsschirm unter die Arme greifen wird, um Finanzierungslücken zu schliessen. Einen Weg zurück gibt es nicht mehr: Auf Dauer kann eine Währungsreform beim Euro nicht ausbleiben.

Man ist gut beraten, auch die gravierenden Probleme in den

USA nicht zu vernachlässigen. Die Banken haben die Finanzkrise, die 2007 begann, nicht verdaut. Ihre Eigenkapitaldecke ist zu dünn. Eine Erhöhung lehnen die Banken ab. Das Investmentbanking kommt aus den Turbulenzen nicht heraus. Die Einnahmen sind im dritten Quartal 2011 eingebrochen. Am Häusermarkt kam es, nach fünf Jahren Krise, nicht zur erhofften Erholung. Auf die Banken kommen Milliardenklagen aufgrund von (unregelmässigen) Zwangsvollstreckungen zu. Auch die USA sehen sich mit einer eskalierenden Staatsverschuldung konfrontiert. Es ist nicht gelungen, sich auf ein nachhaltiges Sparprogramm zu einigen. Bis nach den Präsidentschaftswahlen vom November 2012 ist damit, wenn überhaupt, nicht zu rechnen. Das Fed springt bei Bedarf stets ein, kauft in grossem Stil Staatsanleihen auf. Dabei bedient es sich der Notenpresse. Ein Ende dieser ruinösen Politik ist nicht abzusehen.

Erschwerend kommt hinzu, dass sowohl in Europa und in den USA als auch in anderen Industrieländern Vorlaufindikatoren eine Rezession für 2012 anzeigen. Der entsprechende OECD-Indikator ist im Laufe von 2011 ins Minus gerutscht. Die EU geht offiziell von einer Rezession aus, die USA hoffen, eine solche knapp vermeiden zu können. Zu rechnen ist mit steigender Arbeitslosigkeit, sinkenden Gewinnen der Unternehmen und anschwellenden Defiziten in den Staatshaushalten und bei den Sozialversicherungen. Entsprechend werden die Staatsschulden weiter und immer schneller steigen.

Das Fazit: In den USA ist die Immobilienkrise auch nach fünf Jahren noch nicht bewältigt. Die Finanzkrise ist in neue Dimensionen vorgestossen. Von Europa ausgehend, hat im Herbst 2011 eine (erneute) Bankenkrise eingesetzt. Die Schuldenkrise ist in Europa, den USA und Japan auf dem Weg zu eskalieren. Das ergibt zusammen eine Superblase, die jederzeit platzen kann. Alle bisher beschlossenen Massnahmen, so auch der Euro-Rettungsschirm, existieren erst auf dem Papier, sie sind nicht kurzfristig einsetzbar. Nicht zuletzt deshalb wurden die Zentralbanken in die Rolle des Lender of Last Resort gedrängt: Sie drucken frisches Geld am laufenden Band und bauen ein entsprechend hohes Inflationspotenzial auf. Die Wirtschaft ist nicht auf dem Wege nach oben, sondern nach unten in eine doppelte Rezession (Double Dip) im Jahre 2012. Es stellt sich die brennende Frage, ob daraus eine längere Rezession oder gar eine Depression hervorgehen wird. Aufgrund der historischen Erfahrung ist beides möglich. Wir haben in jedem Fall erst den halben Weg der Krise hinter uns gebracht, und die zweite Hälfte dürfte weit dramatischer ausfallen als die Krise zwischen 2007 und 2011. Das gilt auch für die Finanzmärkte, wo Crashs jederzeit möglich sind. Man ist gut beraten, sich auf anhaltende Turbulenzen einzustellen und nicht jenen Vertrauen zu schenken, die als professionelle «Schönfärber» unterwegs sind.

17 Wie man vorsorgen kann

Nicht nur in turbulenten Zeiten ist es ratsam, sich «krisenge-recht» zu verhalten. Im Mittelpunkt des Interesses steht die Anlagepolitik. Darüber hinaus sind aber auch einige Regeln zu beachten, denn ein Angriff auf die Infrastruktur eines Staates kann zu gravierenden Ausfällen in der Versorgung führen. Was im Cyberspace inzwischen möglich ist, kann sich zu einem Albtraum entwickeln. Handeln sollte man nicht erst beim Ausbruch von Krisen, sondern – antizipatorisch – im Vorfeld der Krise.

Der allererste Grundsatz ist: Man sollte keine Schulden ha-ben. Für Eigentümer einer selbst genutzten Immobilie gilt: Sie sollten die Hypothekarschulden auf null abtragen. Man riskiert sonst rasch steigende Hypothekarzinsen, die zu einer finanziel-len Überforderung führen. Sieht man sich gezwungen, eine Immobilie zu verkaufen, so liegen die Preise im Keller. Ver-käufe sind gegebenenfalls nicht einmal zu Ausverkaufspreisen möglich. Man riskiert hier, dass der Preis nicht die Hypothek deckt und man zum Schuldner wird, ohne noch ein Haus zu besitzen.

Anleger suchen Sicherheit, sie fliehen mit ihrem Geld in Immobilien, konkreter in Mietshäuser. Davon versprechen sie sich Inflationsschutz, laufende Einnahmen und Werterhaltung durch Krisen hindurch. Das ist eine verhängnisvolle Illusion.

Bei Inflation ziehen die Zinsen an, die anderen laufenden Kosten ebenfalls. Mieterhöhungen lassen sich kaum durchsetzen, und Mieter fallen womöglich aus, weil sie nicht bezahlen können. Der starke Mieterschutz sorgt dafür, dass man sich nicht von Mietern trennen kann. Wenn die Immobilienpreise einbrechen, sitzt man in der Falle und muss bis zum bitteren Ende ausharren. Leider muss man darüber hinaus mit Sondersteuern zulasten von Immobilien rechnen. Nach einer allfälligen Währungsreform kommt es dann noch zu einem sogenannten Lastenausgleich.

Unverzichtbar ist für Privatpersonen, die sich wappnen möchten, eine mehrjährige Finanzplanung. Das Ziel sollte sein, stets über ausreichende Liquidität zu verfügen. Diese Mittel bleiben sicherheitshalber auf einem Spar- oder Girokonto, selbst wenn es dort keine Zinsen gibt. Diese Geldmittel dürfen nicht angelegt werden, da sie in diesem Fall den Risiken der Finanzmärkte ausgeliefert wären. Denkbar ist allenfalls eine Festgeldanlage mit (eher) kurzen Laufzeiten.

Wer über eine darüber hinausgehende Liquidität verfügt, kann zunächst einmal bis zu 20 Prozent des Vermögens in physisches Gold investieren. Es ist aber entscheidend, darüber jederzeit selbst verfügen zu können. Das ist wiederum nur möglich, wenn man sich das Gold liefern lässt und im (eigenen) Banksafe aufbewahrt. Da Gold, im Gegensatz zu Papiergeld, nicht vollkommen an Wert einbüssen kann, ist es eine zuverlässige «Notreserve».

Zu den (eher) sicheren Anlagen gehören Anleihen von Staaten mit höchster Bonität (AAA), die auf absehbare Zeit nicht zahlungsunfähig werden. Dabei sollte man sich auf jene Währung konzentrieren, die in dem Land liegt, wo man dauerhaft

Wohnsitz hat: Dies wäre der Euro in Deutschland und der Franken in der Schweiz. Auch hier ist es wichtig, Währungsrisiken zu vermeiden.

Aktien kommen, wenn überhaupt, nur für mittlere und grosse Vermögen infrage, und zwar konservativ bis zu einem Drittel des Vermögens. Es ist ratsam, sich auf Standardwerte zu konzentrieren. Nur hier sind die Märkte stets liquid, nur hier kann gekauft und verkauft werden. Bei den Standardwerten sind allerdings Banken und Versicherungen zu meiden. Auch sogenannte Versorgungswerte bieten nicht die Sicherheit, die allgemein propagiert wird. Ihre Tarife sind (sozial) politischen Gefahren ausgesetzt. Um es auf den Punkt zu bringen: Bei Aktien sollen sich nur jene engagieren, die wissen, «wie man erfolgreich investiert» (Wittmann, 2008). Und nicht zuletzt: Man muss in der Lage sein, konsequent zu handeln. Und man muss wissen, wann man kauft und wann man verkauft.

Zu Illusionen neigt man gerade in Krisenzeiten nur allzu leicht, doch sollte man sich in Acht nehmen. Banken stehen zwar im Ruf, professionelle Partner zu sein, wenn es um Geldanlage geht. In der Praxis handeln Banken allerdings prozyklisch: Sie kaufen und verkaufen zu spät. Ihre Performance kann sich keineswegs sehen lassen. Es kommt gravierend hinzu: Sie empfehlen ihren Kunden jene Anlagen (z. B. strukturierte Produkte), bei denen sie selbst am meisten verdienen. Folgerichtig gilt der Ratschlag: Man sollte keiner Bank eine Verwaltungsvollmacht erteilen, wenn es um das hart erarbeitete Privatvermögen geht. Man sollte auf einer konservativen Anlagepolitik beharren, ohne jegliche Derivate, und dies sollte verbindlich, also schriftlich, fixiert werden.

Vor allem in Krisenzeiten sind Banken nicht als immer sicherer Hafen einzustufen. Sie können pleitegehen oder müssen womöglich durch den Staat gerettet werden, so zuletzt während der Finanzkrise in den Jahren 2007 bis 2009. Daraus sind Konsequenzen zu ziehen: Zum einen sollte man das Geld auf mehrere Banken verteilen, und zwar nicht irgendwo, sondern am Wohnort, wo man «zu Fuss» seine Banken erreichen kann. Reicht das nicht als Sicherheit aus, so deponiert man am sinnvollsten grössere Geldbeträge im eigenen Banksafe. Dieses Vorgehen drängt sich auch deshalb auf, weil staatliche Garantien für Spareinlagen nicht «bombensicher» sind. Nicht nur Staaten, sondern auch private Versicherungen können ausfallen. Für alle Fälle gilt: Der Staat hat jederzeit «Zugriff» mit (Sonder-)Steuern, die an der Quelle erhoben und von den Banken abgeführt werden.

Bricht – aus welchen Gründen auch immer – eine schwere Krise aus, die das Vertrauen in Banken nachhaltig untergräbt, so bleibt ein Run auf die Geldinstitute nicht aus. Je mehr Menschen ihr Geld abheben und in Sicherheit bringen wollen, desto grösser wird die Panik. Darauf reagieren die Banken prompt: Sie machen ihre Schalter zu, und es läuft einfach gar nichts mehr. Das kann Tage, Wochen oder gar Monate dauern. Im Extremfall fallen schwache Banken einfach aus. Aus diesem Grund sollte man Bargeld, möglichst in gemischten Noten, zu Hause sicher aufbewahren, um zumindest für einige Monate gerüstet zu sein. Wichtig ist in diesem Zusammenhang absolute Diskretion, man sollte mit niemandem darüber sprechen.

Es ist bequem, den Zahlungsverkehr online abzuwickeln, da es einem das Telefonieren, das Faxen und/oder den Gang zur Post oder Bank erspart. Doch man muss sich der oben geschilderten Gefahren bewusst sein. Zum einen kann das Internet jederzeit wegen Überlastung ausfallen, für mindestens mehrere Tage. Zum anderen könnten sich Hacker Zugang verschaffen, so in den Besitz sensibler Daten gelangen und Konten plündern. Den Schaden trägt in jedem Fall der Kontoinhaber selbst. Ungleich gefährlicher ist es, Onlinebanking zu betreiben. Funktioniert der Zugang nicht, so ist man beispielsweise einem Crash an den Finanzmärkten wehrlos ausgesetzt. Hacker können sich Zugang zum «Depot» verschaffen, sie können kaufen und verkaufen. Im Extremfall löschen sie alle Daten, sodass sich das Depot in Luft auflöst.

Auch was Kreditkarten angeht, ist extreme Vorsicht angezeigt. Sie könnten gestohlen oder kopiert werden, danach würden die Diebe in Ruhe die Konten räumen. Hacker dringen auch in Computer von Kreditkartenbetreibern (z. B. Mastercard) ein, gelangen in den Besitz aller Daten von Millionen Kunden. Und nicht zuletzt ist festzuhalten: Machen Banken dicht, um sich vor einem Run zu schützen, so fallen auch Geldautomaten aus, vor allem dann, wenn der Strom zusätzlich ausfällt.

Es geht nicht um Panikmache, aber jeder sollte auch über einen Notvorrat an Nahrungsmitteln verfügen. Setzen Hamsterkäufe ein, so sind die Läden bald leer gekauft oder schliessen schon vorher die Türen. Ohne Strom kommt kein Wasser mehr aus dem Wasserhahn. Daher ist an einen Notvorrat an Mineralwasser zu denken. Bei bürgerkriegsähnlichen Zuständen sind Diebstähle und Verwüstungen an der Tagesordnung. Wertgegenstände sind nicht zu Hause, sondern im Banksafe aufzubewahren. In turbulenten Zeiten sind vor allem Hauseigentümer gut beraten, nicht zu verreisen, ins Ausland schon gar nicht. Sie bleiben am besten (ständig) zu Hause und sichern sich so weit wie möglich ab. Wer sozusagen in jeder Beziehung flexibel ist und es sich finanziell leisten kann, zieht aus gefährdeten (Hoch-)Häusern aus, aus Quartieren oder gar (Gross-)Städten weg an sichere Orte. Man mag solche Ängste und Ratschläge belächeln, kommt es aber zum Ernstfall, so vergeht einem das Lachen rasch. In jeder Beziehung vorzusorgen, das ist das Gebot der Stunde!

18 Literatur

Bandulet, Bruno: Die letzten Jahre des Euro. Rottenburg 2010.

Foders, Federico: Befinden sich die Währungen im internationalen Abwertungswettlauf?, in: Orientierungen, Heft 126. Bonn 2010.

Galbraith, John K.: Der grosse Crash 1929. München 2005.

Geisst, Charles: Die Geschichte der Wall Street. München 2007.

Grandt, Michael / Spannbauer, Gerhard / Ulfkotte, Udo: Europa vor dem Crash. Rottenburg 2011.

Hankel, Wilhelm: Die Euro-Tragödie: Macht oder ökonomisches Gesetz, in: Orientierungen, Heft 126. Bonn 2010.

Hankel, Wilhelm / Isaak, Robert: Geldherrschaft. Weinheim 2011.

Hirszovic, Christine: Der Oktober-Crash 1987. Stuttgart 1989.

Kindleberger, Charles: Die Geschichte der Finanzkrisen dieser Welt: Manien, Paniken, Crashs. Kulmbach 2001.

Klein, Martin / Teng, Faxin: Währungskrieg: Schlagwort oder reale Bedrohung, in: Das Wirtschaftsstudium, Heft 1. Düsseldorf 2011.

Mazumder, Sita: Das Geschäft mit dem Terror. Zürich 2010.

Reinhart, Carmen / Reinhart, Vincent: After the Fall, National Bureau of Economic Research, Working Paper No. 16 334. Cambridge Mass. 2010.

Reinhart, Carmen / Sbrancia, Belen: The Liquidation of Government Debt. National Bureau of Economic Research, Working Paper No. 16 893, March. Cambridge Mass. 2011.

Rosenbach, Marcel / Stark, Holger: Staatsfeind Wikileaks. München 2011.

Schweinsberg, Klaus: Sind wir noch zu retten? München 2011.

Ulfkotte, Udo: Vorsicht Bürgerkrieg. Rottenburg 2009.

Wittmann, Walter: Wider die organisierte Verantwortungslosigkeit. Frauenfeld 1984.

Ders.: Der nächste Crash kommt bestimmt. Zürich 2007.

Ders.: Wie man erfolgreich investiert. Zürich 2008.

Ders.: Finanzkrisen. Zürich 2009.

Ders.: Staatsbankrott. Zürich 2010.

Spezielle Informationsquellen:

«The Bank Credit Analyst», Montreal.

«Finanzwoche», München.

«Gold & Money Intelligence», Bad Kissingen.

«Vertraulicher Schweizerbrief».